seuls en territoire indien

**Castor Poche
Collection animée par
François Faucher et Martine Lang**

Titre original :

SAVE QUEEN OF SHEBA

*A mon petit-fils
Corey Dolan Ward*

Une production de l'Atelier du Père Castor

© 1981 Louise Moeri
Published by arrangement
with E. P. Dutton, Inc. New York-U.S.A.

© 1986 Castor Poche Flammarion
pour la traduction française et l'illustration.

LOUISE MOERI

seuls en territoire indien

traduit de l'américain par
CATHERINE CAZIER

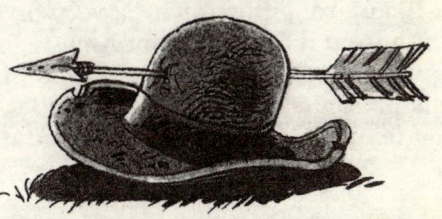

illustrations de
YVES BEAUJARD

Castor Poche Flammarion

Louise Moeri, l'auteur, est américaine. Ses trois enfants, Neal, Rodgers et Patricia sont aujourd'hui mariés. Louise Moeri goûte à la joie d'être grand-mère et consacre beaucoup de temps à ses trois petits-enfants. Elle est issue d'une famille très pauvre de fermiers et d'ouvriers où seuls deux des enfants ont pu poursuivre leurs études. Aussi s'est-elle donnée à fond à son métier d'écrivain avec cette volonté farouche de ne gaspiller ni l'argent ni le temps, en sachant respecter tout ce qui est nécessaire à la vie.

Catherine Cazier, la traductrice :
« Voilà bientôt cinq ans que j'ai quitté Paris pour m'installer aux Pays-Bas. J'habite à Utrecht — une jolie ville sillonnée de canaux — dans une vieille maison au pied d'une haute tour. J'ai emporté dans mes bagages ma machine à écrire pour continuer le métier de traductrice que je faisais en France depuis plusieurs années, traduisant de l'anglais et de l'américain. »

Yves Beaujard, l'illustrateur, a vécu dix ans aux Etats-Unis où il a gravé timbres-poste, billets de banque et portraits officiels. Revenu en France depuis plusieurs années, il consacre la majorité de son temps à la gravure et à l'illustration.

Seuls en territoire indien :

Sur la piste de l'Oregon, un convoi de pionniers a été violemment attaqué par des Indiens Sioux. Un jeune garçon de douze ans, Roi David, découvre que lui et sa petite sœur Reine de Saba sont les seuls rescapés du massacre.

Parmi les chariots renversés et calcinés, Roi David cherche en vain celui de leurs parents. Sans doute fait-il partie de ceux qui ont réussi à fuir au moment de l'attaque ?

Malgré une profonde blessure à la tête, Roi David décide de suivre les traces des chariots. Souffrant de la chaleur et de la soif, luttant sans cesse contre le découragement et la peur, Roi David va tenter de traverser le territoire des Indiens. Mais les caprices de la petite fille — Reine de Saba a tout juste six ans — mettent plus d'une fois leur vie en danger...

Chapitre 1

Une énorme mouche verdâtre se promenait lentement sur sa main. Tout près de ses yeux, car sa main était rejetée dans la poussière à quelques centimètres de son visage. Roi David voyait donc bouger chaque patte, frémir les ailes iridescentes, les gros yeux bulbeux. Il se demandait pourquoi il ne chassait pas la mouche d'un geste de la main lorsque sa tête se mit à bourdonner. Il ferma les yeux et sembla se rendormir.

La mouche était toujours là. Le bourdonnement qui résonnait dans la tête de Roi David s'était atténué mais il prenait conscience de quelque chose d'autre. Il sentait une brûlure sur la nuque, comme s'il était allongé le dos face au soleil brûlant. Soleil brûlant, oui, assurément, le soleil était très chaud. Roi David transpirait même. Il ferait mieux d'aller se mettre à l'ombre, sous un arbre par exemple. Pourquoi n'allait-il pas se mettre à l'ombre ?

La mouche se rapprocha, effrontée, nullement apeurée. Un instant plus tard, elle s'envola pour atterrir sur le visage de Roi David, sur la joue droite, juste en dessous de l'œil. Il sentait les pattes poisseuses de la mouche qui semblait chercher avidement du sang — du sang.

Lentement, très lentement, les pattes de la mouche remuèrent quelque chose au fin fond de lui. Il sentit que ses muscles se réveillaient, comme d'un profond sommeil, et que ses os s'entrechoquaient. Devant son visage, sa main s'anima. Roi David ressentit une douleur, et cette douleur lui fit prendre une profonde respiration et crier.

L'air qu'il aspira le sauva, car il trouva la force de soulever la tête, de déplacer un bras, de se redresser et de regarder autour de lui.

Juste en face se trouvait un chariot renversé sur le flanc, d'où émergeait une jambe d'homme. Il y avait donc un homme sous le chariot. Roi David tourna sa tête engourdie vers la droite. Il vit un tonnelet cassé qui avait contenu de l'eau, absorbée à présent par le sol et, à côté, un autre tonnelet d'où s'était répandue de la farine. Plus loin, gisaient un cheval, apparemment mort, et un autre homme. Une flèche était fichée dans le dos de l'homme.

Roi David considéra la flèche et se demanda si lui aussi avait une flèche plantée dans le dos. Quelque chose lui faisait très mal, mais il n'aurait pas su dire quoi.

Il se tourna et regarda vers la gauche. Il découvrit encore des tonnelets, des boîtes, des outils éparpillés çà et là, parmi lesquels gisaient d'autres corps. Tous — des hommes et des femmes, et un jeune garçon — étaient allongés dans des positions différentes, comme si quelqu'un les avait jetés de très haut et qu'ils s'étaient cassés et tués en touchant le sol.

Roi David plia lentement les genoux et bougea ses pieds de façon à les voir. Sa chemise grise était maculée de poussière et de sang. Beaucoup de sang également tachait la culotte de laine noire toute neuve que sa mère lui avait taillée pour ses douze ans, fêtés la semaine précédente. Du sang encore s'étalait sur son bras gauche, là où Roi David avait posé sa tête. Il leva une main et tâta sa poitrine, son visage, sa tête. Oui, là, en haut du front, il sentit une plaie d'où semblait pendre un bout de peau couvert de cheveux. Il se rendait compte que des caillots de sang poisseux collaient ses

cheveux blonds et encroûtaient son visage osseux et hâlé.

– Ils ont essayé de me scalper, dit-il à voix haute au silence qui l'entourait, mais ils n'y sont pas complètement arrivés.

Roi David considéra les chariots dispersés, dont quelques-uns avaient brûlé. Les feux étaient éteints, mais on sentait encore d'âcres relents de fumée qu'une faible brise emportait lentement. Il avait à présent très soif mais tous les tonnelets d'eau avaient été cassés, et les sacs de farine ou de haricots éventrés et répandus sur le sol. Doucement, précautionneusement, il essaya de se lever mais, au premier effort, il crut que sa tête allait éclater et il s'arrêta. Il se dirigea alors à quatre pattes vers le chariot le plus proche et, en s'agrippant de ses mains sanglantes à la roue, il se hissa.

Il voulait en voir davantage.

Étrangement, il se sentait en sécurité. La bande de Sioux qui les avaient attaqués était partie. Dans un silence de mort, le soleil de ce début d'après-midi écrasait la prairie et la brise frôlait paresseusement des visages sans regard tournés vers le ciel, des vêtements ensanglantés, des couvertures piétinées. Il y avait du sang partout, sur les corps, sur le sol. A celle de la fumée se mêlait une autre odeur étrange, et écœurante, que l'air chaud amplifiait, une odeur que Roi David n'oublierait jamais : l'odeur de la mort.

Roi David compta soigneusement les chariots : cinq, six, sept chariots renversés étaient éparpillés sur la faible pente dominant une ravine peu encaissée. Quatre d'entre eux avaient été brûlés. Celui de son père ne se trouvait pas parmi eux.

« Papa a pu s'échapper », se dit-il en éprouvant un profond soulagement. Mais ce soulagement fut de courte durée. « Pourtant s'il est en vie, pourquoi ne revient-il pas me chercher ? Papa et Maman doivent être blessés... peut-être même mourants. Sinon ils seraient déjà revenus me chercher. »

Roi David lâcha la roue du chariot et avança sans but sur le sol jonché de débris. Il traînait les pieds et sentait ses genoux faiblir. Il aurait bien voulu pouvoir s'appuyer sur quelque chose. Sa cheville heurta soudain un objet et il baissa les yeux. Sans éprouver la moindre surprise, il découvrit une canne que tenait encore la main serrée d'une femme morte.
– Donnez-moi... la canne, Ma'ame Stone, chuchota-t-il, j'en ai besoin.

Il dégagea la canne des doigts raidis et, s'appuyant dessus, commença à faire le tour des chariots. Il avait beaucoup de mal à penser mais, peu à peu, certains faits lui revenaient en mémoire.

Il était environ onze heures du matin et Keane, le chef du convoi de tête, perché sur son grand cheval noir, venait de décider la halte pour manger un repas froid, prendre un peu de repos et faire paître les animaux. Roi David marchait en avant du convoi, juste derrière le guide, Luke Skinner, pour éviter la poussière soulevée par les chariots et le bétail. Cette partie du convoi avait emprunté la piste de l'Oregon bien au sud de la rivière North Platte et avait traversé les Scott's Bluffs en empruntant la passe Robidoux. Ils avaient préféré cet itinéraire moins utilisé aujourd'hui à la piste longeant la rive sud de la North Platte, car ils espéraient trouver de meilleurs pâturages pour le bétail.

Après avoir quitté Saint-Louis, les pionniers s'étaient scindés. Les chariots tirés par les chevaux — la « colonne cheval » — voyageaient nettement en avant de ceux tirés par les bœufs — la « colonne bovin », qui emprunterait l'embranchement nord de la piste, celle qui suivait la Platte. A l'heure qu'il était, Roi David n'avait aucune moyen de savoir où se trouvait ce convoi, mais il était persuadé que c'était trop loin pour qu'il puisse le rejoindre, d'autant plus qu'il était blessé.

Les sept chariots se trouvaient légèrement en tête de leur propre petit convoi, précédant d'environ deux kilomètres l'autre groupe, et avaient déjà dételé. Quatorze autres chariots, parmi lesquels celui de son père, arrivaient juste en vue lorsque soudain des hurlements et des piétinements de sabots s'étaient fait entendre, bientôt suivis de coups de feu et de cris. Roi David se souvenait des assaillants — quelqu'un avait dit que c'étaient des Sioux — débouchant des ravines et surgissant de derrière les collines sablonneuses qui s'élevaient sur la gauche.

Il était trop tard pour mettre les chariots en cercle et les hommes avaient seulement pu se précipiter sur leurs fusils tandis que les femmes et les enfants couraient se mettre à l'abri. Roi David avait entendu des cris, des jurons, des hurlements, des coups de feu, des hennissements, puis quelque chose lui avait heurté la tête et un grand rideau noir était tombé sur sa mémoire.

Aussi, à présent, observait-il ce qui l'entourait. « Je suis vivant, se dit-il. Tous ces autres gens ici sont morts. Et le reste du convoi a continué, il s'est échappé sans moi. »

Roi David éprouva soudain un besoin terrible de trouver un autre être vivant. Il avait survécu à l'attaque, donc quelqu'un d'autre avait pu également survivre. Il allait en trébuchant d'un corps à l'autre, mais ne découvrait que des visages figés et partout du sang qui coagulait sous le soleil brûlant. De temps à autre, la brise soulevait une chemise ou une capeline, Roi David reprenait espoir, s'approchait, mais ne percevait plus aucun souffle, aucun battement de cœur.

Derrière le chariot le plus éloigné gisaient deux chaises en bois et, sous les chaises, un édredon de plume. La brise, qui fraîchissait à présent, chassait des paquets de plumes par les trous de la toile et les faisait voleter dans l'air avant de les emporter à travers la prairie. Les plumes ressemblaient à des flocons de neige et, assoiffé et accablé par la chaleur étouffante du soleil, Roi David se sentit attiré par elles, comme si cette blancheur pouvait apaiser la fièvre qu'il sentait monter en lui.

De sous l'édredon pointait un pied d'enfant, sans chaussure. Un petit pied blanc. Il le regarda pendant un instant, sans toutefois s'attendre à le voir bouger. Sa sœur avait des petits pieds blancs... Sa sœur.
Roi David se précipita et repoussa brusquement l'édredon.
Reine de Saba, tranquillement allongée, les yeux levés vers lui, chuchota :
– Est-ce que les Indiens sont partis ?

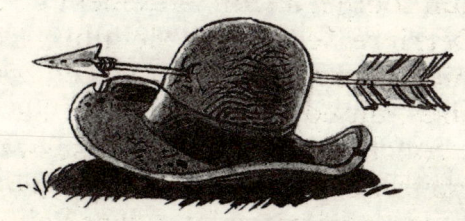

Chapitre 2

Reine de Saba était étendue sur le dos comme si on l'avait soudain posée là, et sa robe de calicot marron était maculée de boue et de sang. A côté d'elle se trouvait une jeune femme d'une vingtaine d'années, vêtue d'une robe d'un gris passé, dont la poitrine était rouge de sang et le visage figé pour l'éternité dans un cri. C'était Letty Harmon. Reine de Saba montait parfois dans son chariot. Mme Harmon lui racontait des histoires de fées et d'elfes.

Roi David demeura un instant stupéfié par la présence de sa sœur — sa présence

vivante, ici, au milieu de tous ces morts. Puis il saisit l'enfant, la souleva et regarda à plusieurs reprises si elle n'était pas blessée.
– Viens, Reine de Saba, sors de là.

Sa sœur s'extirpa de l'édredon et se mit debout. De la boue souillait son visage et ses mains, et de son cou pendait une capeline blanche dont les cordons s'étaient emmêlés dans ses longs cheveux blonds. Elle ne portait qu'une chaussure et tenait encore un bas gris dans la main droite. Quand elle regarda autour d'elle, ses yeux bleus se perdirent dans le vide, son visage délicat blêmit et prit une expression hébétée.
– Tous ces gens, chuchota-t-elle... ils ont mal.
– Non, répondit doucement Roi David, ils sont morts. En tout cas, tous ceux que j'ai examinés le sont.

Il prit une profonde respiration et essaya de mettre de l'ordre dans ses pensées. Quelques minutes plus tôt, il était le seul vivant en ce lieu, à présent, ils étaient deux. Était-ce mieux ou pire ? Découvrir Reine de Saba, c'était comme

trouver un oisillon tombé du nid, fragile et frémissant de vie. Une vie bien difficile à protéger.
— Écoute, dit Roi David en s'efforçant de se ressaisir et d'être réaliste plutôt que de perdre son temps à espérer ce qui n'était pas, il faut que je te trouve un endroit.

Il regarda autour de lui, à la recherche d'une sorte d'abri où il pourrait éloigner sa sœur de ce spectacle macabre. Si seulement il trouvait un chariot sans cadavre dedans, ce serait la solution la plus confortable. Il marcha devant sa sœur à travers le sol labouré et, après avoir examiné deux chariots, en trouva un qui ne contenait qu'une pile de couvertures et des instruments de cuisine. Il la poussa dedans.
— Reste ici, Reine de Saba, pendant que je vais voir ce qu'il y a autour. Il faut que je voie si... à part nous, quelqu'un est encore en vie.

« Quelqu'un, pensa-t-il désespéré, quelqu'un de plus grand que moi, quelqu'un qui saura me dire quoi faire. »

Reine de Saba s'enfonça dans le nid de couvertures et Roi David commença l'inspection des chariots. Sa tête lui faisait toujours mal, mais il parvenait à penser clairement. Il compta douze corps disséminés parmi les débris, dont onze — il en était sûr — étaient trop mutilés pour pouvoir être encore en vie.

Quant au douzième, il s'agissait du guide, Luke Skinner; Roi David sentit une bouffée d'espoir monter en lui lorsqu'il examina la forme ramassée.

« Seigneur, pria-t-il, faites que M. Skinner soit encore en vie. Même s'il est blessé ou estropié... ensemble, on pourrait y arriver, d'une façon ou d'une autre. »

Luke Skinner était étendu face contre terre, assez loin sur la pente douce qui descendait vers la ravine sinueuse que les chariots devaient bientôt traverser. Il semblait moins grièvement blessé que les autres. Lorsque Roi David s'agenouilla à côté de lui et palpa son corps d'une main tremblante, il découvrit un petit trou rond dans le manteau de peau de daim : une balle l'avait atteint au milieu du dos. Il n'avait pas perdu beaucoup de sang et lorsque Roi David tâta le pouls du vieil homme, il crut sentir de légères pulsations. Il avait également l'impression qu'un très léger souffle s'échappait des narines. Sa peau était encore chaude.

Roi David essaya de faire bouger doucement M. Skinner pour le mettre dans une position plus confortable et voir s'il pouvait encore le secourir, bien qu'il pressentît que, touché dans le dos, il n'avait aucune chance de s'en sortir. Il refréna l'envie de se mettre à hurler et de se jeter sur le corps de l'homme en criant : « Ne mourez pas, M. Skinner ! Ne mourez pas ! Ne nous laissez pas tout seuls ici ! »

Dans une cuvette trouvée près d'un chariot renversé, il apporta de l'eau d'une mare boueuse de la ravine et mouilla le visage et les mains de M. Skinner et, à l'aide d'une chaise cassée, l'abrita du soleil. Mais, très rapidement, Roi David ne sentit plus le léger battement du pouls et le froid commença à s'emparer du corps.

Roi David resta pendant un moment assis à côté du corps de M. Skinner dans le silence brûlant et regarda autour de lui. Il restait abasourdi par l'horreur de la situation qui l'agressait. Le pire était ce terrible sentiment de solitude : Reine de Saba et lui étaient les seuls vivants parmi tous ces morts. Il n'y avait personne à qui s'adresser, personne à qui demander conseil, personne pour lui en donner. Skinner, son dernier faible espoir, était mort. Son père avait fui, ainsi que sa mère. Si son père faisait partie des survivants, il reviendrait plus tard à la recherche de ses enfants. Mais s'il était mort...

Roi David s'obligea à se lever et à retourner vers le chariot où Reine de Saba était restée. Il décida de ne pas lui parler de M. Skinner. Elle n'avait que six ans et moins ils parleraient de la mort, mieux ce serait.

Quand il se glissa dans le chariot Reine de Saba lui demanda :
– Roi David, où est Maman ? Je veux voir Maman.

Roi David avait redouté ce moment.

Reine de Saba était si petite : il savait bien qu'elle pleurerait lorsqu'elle s'apercevrait que leurs parents n'étaient plus là. Que lui dire sinon ce qu'il parvenait à comprendre lui-même pour le moment. Il s'installa avec précaution sur une pile de couvertures et chercha un appui pour sa tête qui lui faisait mal, terriblement mal.

— Reine de Saba, je vais te dire tout ce que je sais. Nous avons été attaqués par des Sioux, du moins je le suppose, car j'ai entendu quelqu'un crier ce nom. Tu te souviens... nos chariots — il fit alors un large geste circulaire — se sont arrêtés pour la halte de midi et les autres arrivaient juste derrière. Je marchais en avant pour éviter la poussière et toi, tu voyageais avec les Harmon. Eh bien, lorsque les Indiens nous ont attaqués, les autres chariots ont sans doute réussi à fuir. D'après les traces, ils ont été poursuivis par les Indiens, et je suppose que certains d'entre eux ont été blessés... ou peut-être même tués.

— Alors, ils vont revenir nous chercher, hein ?

Roi David ferma les yeux. Il devait

réfléchir et faire très attention à ce qu'il répondait. Si on se mettait à espérer quelque chose qui ne se réaliserait peut-être jamais, on risquait de rester là et de mourir en espérant et attendant en vain.

— Reine de Saba, il ne faut pas compter là-dessus. Si Papa avait pu venir nous chercher, il serait déjà là. Cela veut dire qu'il est blessé. (Il ne dit pas tout haut ce qui pourtant martelait sa tête : ou qu'il est mort.) S'il y a eu beaucoup de gens blessés ou de mourants dans les autres chariots, ils auront été obligés de s'éloigner le plus vite possible pour essayer d'atteindre Fort Laramie. J'ai l'impression que les Indiens ont pourchassé ceux qui fuyaient et qu'ils ne pourront pas revenir tout de suite. Ça fait déjà au moins trois heures que nous sommes là.
— Maman ! Je veux ma Maman !

Le visage de Reine de Saba se plissa et des larmes coulèrent parmi la poussière qui couvrait son visage.

Roi David la regarda avec lassitude.
— Elle est sans doute... avec les autres chariots.

Peut-être blessée, peut-être morte,

mais cela il ne pouvait pas le dire à Reine de Saba.

Reine de Saba serra ses bras autour de ses genoux. Sa voix se transforma en un hurlement.
— Maman ! Je veux ma Maman !

Roi David sentit ses cheveux se dresser sur sa nuque.
— Tais-toi, ordonna-t-il d'une voix coupante. Arrête de faire tout ce bruit, Reine de Saba ! Tu veux faire revenir les Indiens ?

Rien ne parvint à la faire taire. Elle pleura jusqu'à n'en pouvoir plus, et lorsqu'elle eut retrouvé son calme, hoquetant encore, Roi David lui parla à nouveau.
— Reine de Saba, il faut que je sorte pour voir ce qui nous reste ici. Peut-être... que tout n'est pas perdu pour nous. Mais il faut que nous mangions. Il nous faudrait aussi un fusil.

Il se leva et demeura un moment silencieux. Il écoutait l'écho de ses propres paroles. « Je parle comme si je savais quoi faire, pensa-t-il avec étonne-

ment. Je parle comme si j'avais un plan... comme si j'allais prendre les choses en main. »

Sous le regard abattu de Reine de Saba, il passa sa main sur son visage, étalant le sang à moitié séché. Puis il se retourna et se faufila à travers la bâche déchirée du chariot. Il quittait leur abri à contrecœur, mais la présence de sa sœur le poussait malgré lui à penser et à agir même s'il ne s'y sentait pas prêt.

Au-dehors, Roi David fut frappé plus fortement encore par l'horreur du spectacle qu'il avait sous les yeux. Au lieu de s'y habituer, il ressentait de manière de plus en plus aiguë l'agonie de ces corps convulsés, de ces regards fixes. La mort, lorsque l'heure était venue, devait arriver tranquillement, comme quelqu'un qui vous tire par la manche, et non pas comme une tempête ravageant tout sur son passage.

Il se força à faire lentement et soigneusement une nouvelle inspection des lieux, à la recherche de tout ce qui pourrait les aider à survivre. Au début, il pensa qu'il n'y avait rien à découvrir, puis son regard, aiguisé par le désespoir, commença à distinguer une chose ici, une autre là. Beaucoup de couvertures, une boîte d'allumettes provenant du chariot des Harmon, des marmites et des bouilloires. Les Indiens avaient répandu ou emporté presque toute la nourriture, mais il trouva quand même deux bidons en bon état, contenant chacun un peu d'eau, un petit sac de farine de maïs presque plein et un petit morceau de lard fumé. Il restait également des pommes qui s'étaient déversées d'un tonnelet et dont plusieurs étaient encore bonnes. Il les ramassa et les empaqueta dans un bout d'étoffe déchirée qu'il noua. Mais il ne parvenait pas à mettre la main sur ce dont il avait le plus besoin : un fusil ou n'importe quelle arme à feu. Il leur fallait une arme.

Au bout d'une demi-heure de recherche, il s'assit dans l'herbe, le visage tourné vers le corps de M. Skinner qui gisait toujours là, face contre terre, un bras replié sous lui. On avait l'impression que M. Skinner était en train de courir lorsqu'il était tombé. Roi David se demanda soudain ce qu'il tenait dans la main, celle qu'il ne pouvait pas voir. Après tout, M. Skinner était parvenu à survivre jusqu'à la fin de l'attaque...

Roi David se leva et descendit la pente d'un pas chancelant. Il peina et sua à grosses gouttes pour soulever et retourner le corps, épuisant ses dernières forces.

Et alors il trouva ce qu'il cherchait : un fusil Sharps, un étui contenant des balles et une boîte d'amorces dans la chemise du vieil homme.
– Dieu soit loué, murmura Roi David, Dieu soit loué.

Chapitre 3

Reine de Saba, assise à l'ombre de la bâche déchirée du chariot, regardait d'un air boudeur l'assiette en fer-blanc posée sur ses genoux.
– Je ne veux pas manger ça.
– Nous n'avons rien d'autre.
– Peuh, c'est de la farine de maïs crue ! Ce n'est pas comme ça qu'on mange le maïs. Maman sait faire du pain. Du pain chaud qu'on mange avec des haricots.

Songeant avec nostalgie aux biscuits, aux saucisses arrosées de sauce et aux œufs au bacon que préparait sa mère, Roi David enfourna une bouchée de farine grumeleuse qu'il avala avec l'eau d'une mare. Il avait l'impression de manger du sable et d'aider celui-ci à descendre en buvant de la boue.

— Mange et tais-toi, Reine de Saba. C'est tout ce que j'ai pu trouver pour le moment. Tu auras ensuite une belle pomme.

— Je veux du pain... et des haricots.

— Oh ! ciel !

Roi David se laissa tout à coup aller en arrière et ferma les yeux. « Comme si cela ne suffisait pas que je sois à moitié mort, il faut en plus que je me retrouve avec Reine de Saba sur les bras, songea-t-il. Tout seul, je pourrais — peut-être — m'en sortir, mais comment vais-je pouvoir prendre soin d'elle en plus ? Elle est pire qu'un poids mort. J'aurai de la chance si elle ne s'écroule pas tout d'un coup, m'obligeant à la porter, ou encore si elle ne me fausse pas compagnie. Si seulement elle avait voyagé avec Maman et Papa... Maman a toujours su comment s'y prendre avec elle. Mais... elle n'était pas avec eux. Elle est ici. Et ils attendent de moi que je la sauve en même temps que moi. »

Pendant un moment, il se représenta sa mère et son père, leurs mains calleuses et leurs visages émaciés, leurs corps amaigris par l'effort et les épreuves, leur façon de faire face aux problèmes comme on affronterait un chien furieux ou un serpent venimeux, ripostant avec ce qu'ils avaient sous la main et résistant jusqu'à la limite de leurs forces... « et c'est ce qu'ils attendent de moi ». Il regarda Reine de Saba toujours avec son air renfrogné et intraitable, et son assiette de farine de maïs intacte.

« Il ne faut pas que j'oublie qu'elle n'a que six ans, qu'elle est le bébé de la famille. Elle n'est pas aussi forte que je l'étais. Quand j'avais son âge, je devais porter du bois et de l'eau, nourrir les poussins, sarcler le maïs. »

— Reine de Saba, je suis trop malade pour préparer quoi que ce soit, dit-il prudemment, et même si j'étais en état de le faire, je ne me risquerais pas à allumer un feu. Allez, mange un peu de farine. Nous devons garder nos forces. Après avoir mangé...

— Maman sait faire du pain. Je veux du bon pain chaud.

Reine de Saba posa son assiette sur le sol et fixa Roi David d'un air provocant. Celui-ci serra le poing puis le laissa retomber. Reine de Saba était terriblement obstinée. Plus on insistait, plus elle se rebiffait. Quand elle serait vraiment affamée, elle finirait par manger de la farine crue et l'apprécierait.
— Je veux ma chaussure, Roi David. Où est ma chaussure ?

Soulagé, d'une certaine manière, d'avoir à résoudre un problème moins important, Roi David regarda le pied nu de sa sœur. Elle avait sa chaussure et un bas au pied droit. L'autre bas, elle l'avait fourré dans sa poche. Quand les pillards avaient surgi, elle était très probablement assise quelque part sur un rocher, occupée à retirer ses chaussures, ce qu'elle faisait constamment car elle avait horreur de porter des souliers. Et il fallait à présent, dans cet horrible enchevêtrement de cadavres et de chariots défoncés, chercher la chaussure de sa sœur.
— Je vais voir si je peux la trouver, dit-il en lui tendant une pomme. Tiens, mange ça.

Roi David prit une autre pomme et se mit péniblement debout. En s'appuyant sur la canne de Mme Stone, il fit une nouvelle fois le tour des lieux. Il se sentait encore très faible et devait s'arrêter toutes les cinq minutes pour se reposer. Sa tête ne saignait plus mais l'élançait parfois terriblement et, à chaque pas, il avait le sentiment que ses genoux allaient céder comme des charnières disjointes.

Tandis qu'il retournait les couvertures, les outils, les instruments agraires et les ustensiles de cuisine en pièces, il se rendit compte qu'il était impossible de retrouver cette chaussure. Un cheval l'avait peut-être piétinée et enfouie dans la poussière, ou envoyée d'un coup de sabot dans les hautes herbes. Il s'aperçut également que le soleil baissait et que les ombres s'allongeaient. Le crépuscule viendrait bientôt, puis les ténèbres. Roi David voulait être loin de cet endroit sinistre lorsque la nuit tomberait. Il ne pensait pas que les Indiens reviendraient ; ils suivraient probablement le convoi, puis se replieraient vers le nord.

Il était en tout cas sûr d'une chose : Reine de Saba et lui devaient quitter cet endroit funèbre, car les vivants ne devaient pas être mêlés aux morts.

Une chaussure, rien qu'une chaussure. Où trouver une chaussure ? Son regard tomba soudain sur le chariot des Harmon. M. Harmon réparait parfois les chaussures des autres. Peut-être trouverait-il là ce qu'il cherchait...

Il grimpa tant bien que mal dans le chariot et trébucha sur le cadavre de Joseph Harmon. Il recula précipitamment, de nouveau révolté, puis se contraignit à regarder minutieusement autour de lui. Oui, il y avait quelques chaussures dépareillées : une grosse botte d'homme et une, plus fine, de femme et, un peu plus loin, trois ou quatre petites chaussures d'enfants. Il en prit deux qui composaient une paire : des bottines en cuir lisse, fermées sur le côté par des boutons noirs. Il passa ensuite rapidement sur le cadavre, puis sortit du chariot et se hâta d'aller retrouver Reine de Saba.

— Je pense que celles-ci t'iront, dit-il en

s'agenouillant aux pieds de sa sœur, vaguement soulagé d'avoir eu tant de chance. Mais il faudra se débrouiller sans crochet à boutons.

Il déchaussa rapidement le pied droit de l'enfant, lui enfila une bottine, puis l'autre bas et la chaussure gauche. Il était en train de boutonner la première lorsque Reine de Saba se mit à hurler.
– Margaret Anne Beecham ! Ce sont les chaussures de Margaret Anne Beecham ! Je ne veux pas des chaussures de Margaret Anne Beecham !

Elle se pencha en avant et les enleva précipitamment.

Roi David se releva. Sans réfléchir un instant et sans se mettre en colère, il assena un coup de canne sur les doigts de Reine de Saba. Stupéfiée — c'était la première fois qu'on la battait — Reine de Saba dévisagea son frère.
– Tu vas mettre ces chaussures, Reine de Saba, dit tranquillement Roi David, sinon je vais te battre comme plâtre.

Le soleil, très bas, emplissait d'ombres les dépressions entre les collines désertes. Roi David était allé d'un corps à l'autre fermer les yeux des morts. Cela semblait assez peu de chose... Son père aurait creusé des fosses pour les enterrer. Roi David se sentit en proie à un profond découragement devant la mort injuste de ces pauvres gens qui, chaque soir au coin du feu, n'avaient jamais évoqué les épreuves passées sans ébaucher les rêves d'un avenir meilleur.

Heber Stone et sa femme avaient enterré tous leurs fils à l'exception d'un seul dans le sol du Kentucky, là où les grands arbres étouffaient le maïs et les pommes de terre qu'ils avaient plantés sur leur petite exploitation. A présent, Stone et sa femme et ce seul fils qui leur restait, Amos, gisaient côte à côte. Joe Pendergast fabriquait des harnais mais n'était jamais parvenu à épargner suffisamment pour s'établir comme bourrelier. Les Harmon, un couple de jeunes mariés, n'étaient pas assez riches pour acheter une ferme. Aller vers l'ouest pour s'installer sur une terre libre et construire leur avenir en un lieu où le dur travail pourrait remplacer l'argent avait représenté pour eux l'espoir.

Outre Skinner, le guide, il y avait un

autre célibataire, Peter Fleet, et deux autres couples, les Borer et les Grady que Roi David ne connaissait pas très bien. Aucun d'entre eux n'atteindrait l'Oregon, ce nouveau pays vers lequel ils s'étaient acharnés à marcher; leurs os blanchiraient au soleil, leurs chariots pourriraient, leurs chevaux et leur bétail engraisseraient les troupeaux des guerriers sioux ou empliraient leurs marmites. En contemplant ces visages sans regard, Roi David comprit soudain que son père et sa mère connaissaient les périls de ce voyage; ils avaient pourtant vendu le bétail en trop, acheté des haricots, du riz et de la farine, mis de nouveaux fers aux chevaux, puis s'étaient mis en route avec leurs enfants. C'était à présent à lui d'achever cette immense tâche, ce long voyage.

Roi David se leva et regarda autour de lui, se demandant s'il avait oublié quelque chose qui pourrait leur être utile. Les objets qu'il avait rassemblés s'entassaient à ses pieds. Il ne pourrait pas tout porter seul; Reine de Saba devrait l'aider un peu, et il décida finalement de lui confier les pommes, qu'il avait mises dans un balluchon.

Quant à lui, il se chargea d'une couverture, du fusil, de la boîte d'amorces et de l'étui à munitions. Il prit aussi un petit bout de lard fumé enveloppé dans un autre morceau de tissu, une boîte d'allumettes en métal, un sac de farine de maïs, un couteau qui avait échappé au regard des Indiens, deux bidons d'eau à moitié pleins, deux manteaux à leur taille et une minuscule casserole en fer-blanc. Il abandonna la canne, enveloppa les provisions et les manteaux dans la couverture et ficela le tout avec une corde trouvée dans l'un des chariots. C'était un bien petit bagage pour deux personnes voyageant à travers des étendues désertes.

Reine de Saba souleva le balluchon de pommes en se plaignant :
— C'est trop lourd. (Ses articulations portaient encore les marques rouges du coup de canne et son visage restait renfrogné.) Je ne peux pas les porter.
— Il le faut, répliqua Roi David. Tu aimes les pommes, n'est-ce pas ? Alors porte-les et moi je porte le reste.

— J' veux pas porter de pommes. J' veux voyager en chariot.
— Il n'y a pas de chariot. Ils sont tous cassés et les chevaux sont morts. Il faut marcher.

Roi David prit une profonde respiration ; ses lèvres étaient desséchées et parcheminées, ses yeux le brûlaient, lui donnant l'impression d'être des pierres surchauffées posées sous son crâne. Il avait essuyé presque tout le sang qui maculait son visage, mais il sentait que des croûtes s'étaient formées sur son front et ses joues. Il ressemblait probablement à un Indien peint, se dit-il, avec ses cheveux hérissés en une crête pourpre autour de sa plaie.
— Où on va ? demanda Reine de Saba d'un air rebelle en posant par terre le balluchon de pommes et en frottant ses articulations endolories.

Roi David gratta d'un geste machinal le sang coagulé plaqué sur son visage. La décision qu'il avait prise s'était formée et agitée tout l'après-midi dans sa tête et il comprenait maintenant que c'était la seule à prendre : ils suivraient les traces des chariots, bien qu'il ait découvert que celles-ci s'écartaient de la piste principale.

Après tout, il fallait retrouver leur propre convoi. Le vieux conestoga[1] de son père ne se trouvait pas ici. Cela signifiait que ce chariot ainsi que ses parents étaient avec le reste du convoi. Et il n'y avait rien que Roi David souhaitât davantage que voir le visage de son père, sentir son poing dur et entendre sa voix grave quand il grognait : « Allez, secoue-toi, Roi David, secoue-toi ! »
— Il n'y a qu'une seule route à prendre, Reine de Saba. Nous devons suivre les traces des chariots. Papa et Maman sont avec les chariots. Nous devons les rattraper.

Reine de Saba frotta l'un de ses souliers contre le sol.
— Je ne veux pas porter...

Roi David fit un geste menaçant et Reine de Saba se tut.
— Viens, prends ces pommes... Il faut que nous partions. La nuit va bientôt tomber.

---

1. *Conestoga :* nom donné aux chariots construits dans la vallée de Conestoga, en Pennsylvanie.

Roi David se demandait si sa sœur allait refuser d'abandonner les chariots, mais elle ne protesta pas. Il marcha devant elle, descendit la légère pente, passa devant le corps de M. Skinner, en direction du fond de la gorge peu profonde qui serpentait vers le nord jusqu'au bassin sableux de la Platte River.

Son regard tomba soudain sur quelque chose qu'il n'avait pas encore remarqué ; le chapeau de Luke Skinner, un feutre noir à larges bords orné d'une plume de queue de faisan plantée dans le ruban. Le chapeau avait roulé près des pieds du vieux guide et sans réfléchir ni ralentir l'allure Roi David l'attrapa et en glissa le bord sous la corde de son ballot. « Un chapeau peut toujours être utile », pensa-t-il.

Lorsqu'ils s'éloignèrent, avant d'abandonner ce paysage d'une désolation absolue, jonché de cadavres et de chariots retournés, Roi David se retourna une dernière fois. Les ombres s'étaient allongées et, dans la lumière cuivrée du soir, des papillons aux vives couleurs voletaient autour des bâches déchirées des

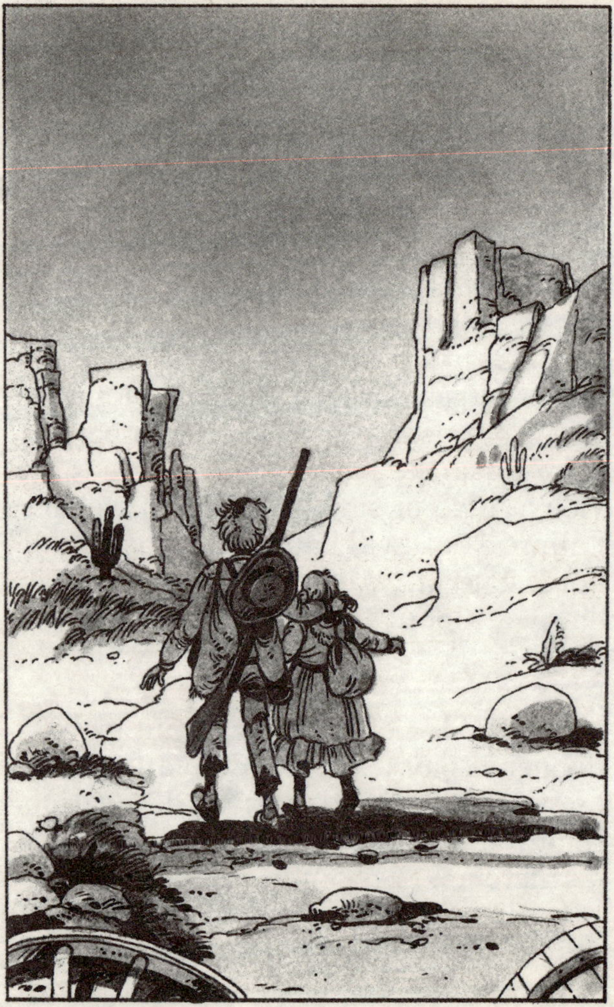

chariots, des scarabées grouillaient dans l'herbe flétrie, des mouches bourdonnaient d'une mare de sang séché à l'autre.

« Si seulement j'avais pu les enterrer, se dit Roi David, mais je suis trop faible. Je peux à peine marcher, à peine prendre soin de Reine de Saba. » Une prière lui revint, qu'il récita avant de les quitter : « Seigneur, prends soin d'eux. Pardonne-leur leurs péchés. C'étaient de bonnes gens. » Il savait qu'il emportait avec lui une image qu'il n'oublierait jamais de sa vie. « Seigneur, ajouta-t-il, je ne veux plus jamais voir de morts. »

Puis il se détourna enfin et conduisit Reine de Saba vers le soleil couchant.

Chapitre 4

Le soleil disparut derrière l'horizon, striant le ciel de rouge et d'orange, et un crépuscule bleu et diaphane envahit la prairie. Les douces ondulations des grandes étendues herbeuses commencèrent à s'emplir d'ombre et le lit du ruisseau qu'ils suivaient depuis une demi-heure était plus sombre encore là où poussaient des peupliers et des saules. Roi David était content que les traces des chariots ne s'écartent pas de la ravine, car un filet d'eau coulait, alimenté par des pluies récentes, là où, par temps sec, on n'aurait trouvé qu'une gorge vide.

L'eau était très rare dans ce secteur. La rivière North Platte coulait à des kilomètres au nord-ouest et, de toute façon, son eau était tellement boueuse que le bétail et les chevaux pouvaient à peine la boire, et les hommes encore moins.

Roi David marchait lentement, peinant à chaque pas. Le ballot pesait comme du plomb sur ses épaules. Dans la main droite, il portait le fusil chargé, le canon pointé vers le bas. Il ne restait plus qu'à l'amorcer. La boîte d'amorces était placée dans la poche de sa chemise et l'étui à munitions pendait à son épaule. Il espérait qu'il serait capable de manipuler les balles et de placer les amorces assez vite s'il fallait tirer. A la menace permanente des Indiens, s'ajoutait celle des serpents à sonnettes, des loups et des bandits, assez d'ennemis pour occuper toute une armée.

Le ballot et le fusil constituaient un chargement si lourd que Roi David avait l'impression que ses jambes allaient ployer sous lui, mais il désirait mettre le plus de kilomètres possible entre eux et le lieu de l'attaque. Il ne pouvait plus supporter la proximité de tous ces cadavres de gens tués sauvagement. Reine de Saba, elle, paraissait plus troublée par d'autres choses que par la vue des corps sans vie.

– Les chaussures de Margaret Anne Beecham, marmonnait Reine de Saba, tout en suivant son frère à travers les hautes herbes. Je déteste Margaret Anne Beecham. Je ne veux pas porter ses chaussures.

– Tais-toi.

– C'est une bêcheuse. Tout ça parce que son père a plus d'argent et de meilleurs chevaux que le nôtre, elle se croit mieux que moi. Je la déteste. Je ne veux pas porter ses chaussures.

– Silence, Reine de Saba !

– Je vais les enlever maintenant...

Reine de Saba se laissa tomber par terre lourdement et commença à déboutonner la chaussure gauche. Roi David se retourna et revint sur ses pas.

– Reine de Saba, il n'y en a pas d'autres et il faut te protéger les pieds, dit-il sur un ton catégorique. Si j'arrive à nous maintenir en vie, nous aurons de la chance. Quand nous aurons rattrapé les chariots...

Reine de Saba s'immobilisa :
— Quand allons-nous les rattraper ? Je veux Maman.
— Je ne sais pas. Ils sont quelque part devant nous. Nous suivons leurs traces. Cela nous prendra un jour ou deux.

Il se baissa vers elle avec peine et la tira pour l'aider à se lever.
— Viens ! Nous devons nous dépêcher.
— J'ai froid.

Roi David défit le ballot et en sortit le plus petit des deux manteaux.
— Tiens, mets ça. Il faut que nous marchions aussi loin que nous le pouvons... et il commence à faire sombre...

Reine de Saba mit le manteau et Roi David fut content qu'elle n'y trouvât rien à redire. Ce manteau aurait pu lui aussi appartenir à Margaret Anne Beecham, mais il ne le pensait pas. Le chariot des Beecham ne faisait pas partie de cette partie du convoi.

Pour occuper son esprit mais aussi avec le sentiment que c'était la seule chose qu'il pouvait encore faire pour eux, il chercha à se souvenir du nom des morts. Il y avait Luke Skinner, M. et Mme Heber Stone et leur fils Amos, les Harmon — Joseph et Letty —, Joe Pendergast. Un autre homme avec une barbe rousse qu'il croyait être le frère ou le cousin de Joe Pendergast et qui s'appelait Peter Fleet. Ni les Borer ni les Grady n'avaient d'enfants. Il ne devait oublier aucun d'entre eux, parce qu'il était le seul qui serait capable de raconter le dernier chapitre de leur vie.

Tout en marchant péniblement dans l'obscurité grandissante, il pensait surtout aux autres chariots et à ses parents. Il imaginait leur expression lorsqu'ils verraient apparaître Reine de Saba et lui-même... d'abord juste un petit point à l'horizon qui avancerait, réduisant l'espace qui les séparait... et alors ils se mettraient à courir à leur rencontre. Il savait qu'il devait s'interdire de penser — ne serait-ce qu'un seul instant — que Reine de Saba et lui ne rattraperaient peut-être jamais les chariots. Ils allaient les rattraper, c'était sûr. Il devait garder en tête l'image de ces retrouvailles, pour

que chaque pas soit un pas qui le rapproche de ce moment.
— Je suis fatiguée, dit Reine de Saba, qui restait à la traîne. Je veux me reposer.

Roi David s'arrêta et essaya de regarder derrière lui, mais le simple fait de bouger la tête lui faisait tellement mal qu'il en voyait trente-six chandelles. Il valait mieux trouver un endroit où s'arrêter tout de suite, sinon il risquait de s'évanouir.
— Viens par ici, nous allons camper parmi les saules.

Il se dirigea vers le lit du ruisseau à quelques mètres seulement, mais quand ils y parvinrent tout tanguait devant lui.

Juste en dessous du rebord de la rive poussait un grand bouquet de saules au milieu duquel se dressaient quelques peupliers. Roi David eut le sentiment que, là, ils seraient à l'abri bien que les Indiens, s'il y en avait dans les parages, puissent probablement les trouver n'importe où.

Ils glissèrent en bas de la rive, traversèrent une étroite bande de sable mou, puis se faufilèrent parmi les fines branches de saule qui s'écartaient facilement sur leur passage jusqu'au filet d'eau courante et claire. Pour une fois, Reine de Saba suivait de près et pendant un bref instant il se réjouit qu'elle ait peur du noir; au moins, elle ne s'éloignerait pas pendant la nuit.

Roi David s'arrêta pour chercher à tâtons un endroit plat et sans végétation où dormir. Ils ne pourraient ni faire du feu ni beaucoup manger, mais ils pourraient au moins dormir.

Soudain il se figea. Juste devant lui, venant du cours d'eau, un bruit se fit entendre. Des branches frémirent et un bruit sourd retentit. Des Indiens... à cheval ?
— Reste ici, chuchota-t-il à Reine de Saba. Ne bouge pas d'une semelle. Il faut que j'aille voir.

Reine de Saba, terrifiée par les bruits qui parvenaient des taillis, se fit toute petite et se blottit contre le ballot que Roi David laissa tomber sur le sol.

Bien qu'il se sentît très faible et se demandât s'il aurait la force de s'en servir, il sortit son couteau de sa ceinture et avança en rampant. Il tenait le fusil dans son autre main. Droit devant lui, il distinguait une énorme silhouette, qui remuait sans cesse. Un Indien serait resté absolument immobile et silencieux. Une odeur parvint alors aux narines de Roi David, une odeur de crottin. Un cheval ! « Oh ! mon Dieu, c'est un cheval ! »

Il rangea fiévreusement le couteau dans sa ceinture et continua à avancer en rampant. Il devait s'approcher suffisamment pour voir quel genre de cheval c'était et pourquoi il se trouvait là. Pourquoi ne s'enfuyait-il pas à son approche ? Le cheval d'un Indien aurait décampé comme un cerf apeuré en sentant un homme blanc approcher.

Prudemment, très prudemment, pas à pas, Roi David avança. Il fit un léger détour vers la gauche et se rendit compte avec soulagement qu'il avait ainsi évité de déboucher juste derrière l'animal. Il n'avait pas envie d'être envoyé d'un coup de sabot nerveux à l'autre bout de la prairie.

Les contours de l'animal commençaient à se préciser. Il s'agissait d'un grand cheval, massif et lourd ; trop lourd

pour être un poney indien. Il tendit le bras.
– Ho, là ! Ho, là !
Le cheval s'ébroua et piétina nerveusement le sol, mais ne se sauva pas. Quelque chose le retenait.
Les doigts de Roi David frôlèrent avec la légèreté d'une plume le pelage chaud et soyeux : c'était l'encolure.
– Ho, là ! Ho, là !
Doucement, très doucement, afin de ne pas effrayer le cheval, il se rapprocha et promena sa main vers son épaule. Ses doigts rencontrèrent soudain quelque chose de lisse et dur. Du cuir. Un collier d'attelage en cuir !

Roi David cessa de retenir son souffle et poussa un profond soupir. Oh ! mon Dieu, c'était l'un des chevaux du convoi qui, certainement, s'était enfui pendant l'attaque. Il ne savait pas de quel cheval il s'agissait, cela pouvait être n'importe lequel parmi les trente. Et il portait toujours son harnais.
Il s'était sans doute trouvé pris dans l'enchevêtrement des arbres, probablement à cause de ce même harnais. Roi

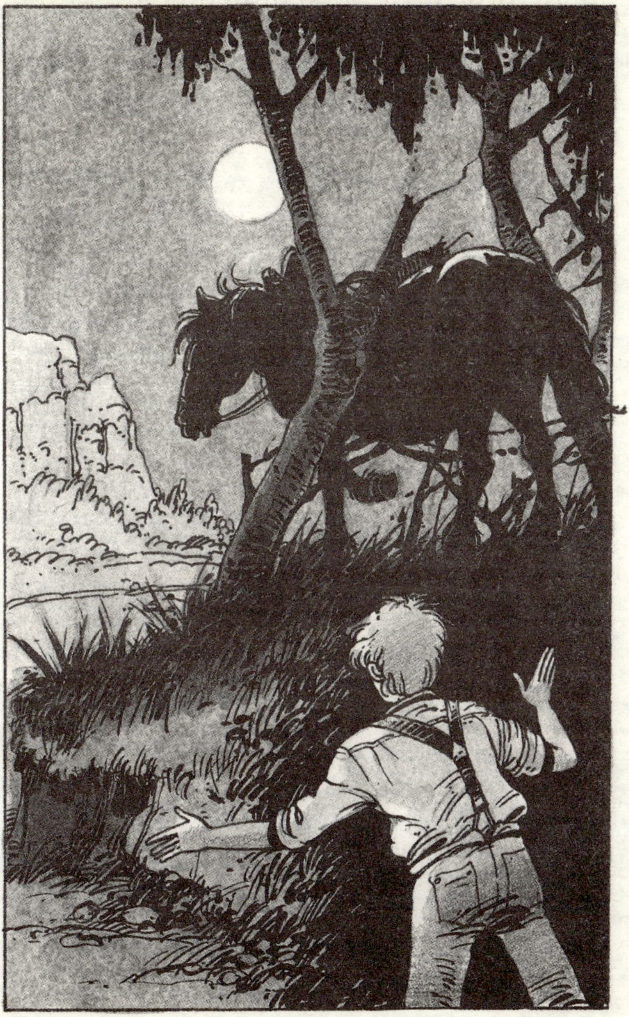

David tendit le bras et chercha à tâtons la longe. Il la trouva, enroulée autour de l'attelle. Il la dégagea, laissa filer la courte corde, puis l'enroula et l'attacha au tronc d'un peuplier. Le cheval était à présent attaché, il était certain de le trouver encore là quand le jour se lèverait.

Roi David sentit le sol sous son dos et se rendit vaguement compte qu'il était tombé. Sans se relever, il se retourna et revint à quatre pattes vers Reine de Saba.
– C'est un cheval, lui dit-il. Un cheval appartenant à l'un des attelages du convoi. Nous avons une chance de nous en sortir, Reine de Saba. Nous avons une chance.

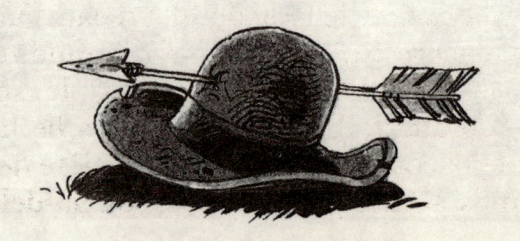

Chapitre 5

Roi David fut réveillé juste avant l'aurore par une volée d'oiseaux qui s'installa dans les peupliers. Le ciel, jaune argenté à l'est, tendait au-dessus d'eux un dais bleu intense parsemé de quelques minces traînées de nuages de beau temps qui ressemblaient à des plumes posées au sommet des arbres. Dans la ravine, le long du filet d'eau, l'air était encore froid et chargé d'humidité, et Roi David sentait sous lui le sol humide aussi. A quelques mètres de là, des deux côtés, il apercevait la lisière des collines sèches et sablonneuses au-delà desquelles s'étendait la prairie herbeuse.

Roi David essaya de s'asseoir, mais ne parvint pas à lever sa tête du sol. Ses articulations étaient engourdies, chacun de ses muscles endolori par la dureté du sol et, lorsqu'il remua les yeux, une violente douleur le parcourut. Il tendit le bras et essaya de palper sa blessure, mais ses doigts gourds lui permirent seulement de sentir une sorte de bosse — une large bouffissure — là où pendait le lambeau de peau couvert de cheveux. Il se sentait fiévreux et faible.

Reine de Saba dormait toujours, allongée sur le dos ; elle avait rejeté sa couverture d'un coup de pied. Une feuille morte tombée s'était emmêlée à ses cheveux blonds et sa robe était toute chiffonnée. Elle semblait paisible, mais lorsqu'elle se réveillerait, elle aurait faim et deviendrait grincheuse.

Un bruit s'éleva non loin des peupliers — un cheval éternuait. Aussitôt, en dépit de sa faiblesse, Roi David roula sur lui-même et, dominant les étourdissements, parvint à s'asseoir et finalement à se lever. Il fallait qu'il aille voir le cheval.

Le cheval — une jument baie avec une tache claire en forme d'étoile sur le chanfrein — n'avait pas bougé de place mais était agité et avait faim. A la lumière du jour, Roi David voyait ce qui l'avait retenue prisonnière, l'immobilisant aussi sûrement que si quelqu'un l'avait attachée là à son intention : le tronc d'un jeune arbre cassé s'était glissé entre le corps du cheval et la sous-ventrière du harnais.

La jument devait avancer lentement, sinon le bout pointu de l'arbre aurait pu lui déchirer le ventre, qui n'avait reçu que quelques égratignures. Elle serait tôt ou tard parvenue à se dégager et Roi David mesurait la chance qu'il avait eue de la retrouver. Une fois en liberté dans la prairie, il n'aurait certainement pas pu l'attraper, même s'il l'avait aperçue. Roi David marmonna une courte prière de remerciement tout en frappant du pied le jeune arbre pour le casser et dégager le harnais. Toute sa tête vibrait de douleur.

La jument avait soulevé énormément de poussière à force de piaffer et avait dévoré toute l'herbe et les feuilles qu'elle pouvait atteindre. Roi David rampa dans les alentours pour arracher des brassées d'herbe. C'était un animal d'assez grande taille, qu'il faudrait nourrir abondamment s'il voulait le garder vivant.

Entre-temps, Roi David avait reconnu la jument de Heber Stone ; elle s'appelait Maggie. Maggie tourna la tête en direction du ruisseau, les oreilles pointées en avant. Elle avait soif, elle n'avait sans doute pas bu depuis la veille.

Il la détacha à contrecœur et la mena vers la rivière. Elle avançait si rapidement qu'elle faillit le renverser, puis alla plonger sa bouche de velours dans l'eau claire et peu profonde. Roi David l'observait et vit les grandes lampées d'eau traverser rapidement sa gorge. Après avoir bu tout son content, elle se retourna, mâchonnant et bavant, et laissa tomber des gouttes d'eau froide sur la main et le bras de Roi David.

Lorsqu'il rattacha la jument à son arbre, il prit soin de bien faire le nœud et veilla à ce qu'elle ait suffisamment d'herbe pour rester tranquille. Il commençait à se rendre compte que son état empirait au lieu de s'améliorer et qu'il ne pouvait pas commettre la moindre erreur. Il fallait prendre garde à ne pas perdre la jument, car elle représentait à peu près leur seul atout.

Lorsqu'il revint vers elle, Reine de Saba était réveillée et s'était assise sur son séant.
— J'ai faim, dit-elle.
— Je sais. Mange de la farine de maïs.
— Je veux de la bouillie chaude.
— Y'en a pas. Mange de la farine.

Reine de Saba prit une profonde respiration et se mit à hurler. Le bruit fracassa la tête de Roi David.
— C'est tout... ce qu'il y a, murmura-t-il.

Puis il s'allongea et eut le sentiment que la nuit tombait à nouveau sur lui.

Reine de Saba fixait Roi David d'un regard plein de ressentiment. Il était là en train de dormir, la tête sur un pli de la couverture et une main sur le fusil alors qu'elle avait faim. Roi David lui avait dit de manger cette vieille farine de maïs froide et grumeleuse au lieu de lui préparer une bonne bouillie avec du lait. Roi David était méchant.

Reine de Saba regarda machinalement autour d'elle, espérant apercevoir Maman pour lui dire que Roi David était très méchant. Mais elle n'aperçut que des bouquets de saules et de peupliers qui poussaient le long du lit boueux de la rivière, et la voûte bleue du ciel d'une immensité effrayante. Des oiseaux volaient là-haut et Reine de Saba les observa jusqu'à en attraper le torticolis, puis les oiseaux volèrent plus loin et disparurent de son champ de vision.

Et il n'y avait plus rien d'autre à regarder : pas de vieux chariots bringuebalants montés sur de hautes roues, pas de chevaux aux harnais cliquetants, pas de gens s'affairant à préparer le petit déjeuner sur des feux d'où s'élevait une épaisse fumée ou attelant les chevaux pour l'étape du jour. Il n'y avait pas un grand Papa pour la prendre dans ses bras et la soulever dans les airs avant de la presser contre lui, chatouillant sa joue avec sa barbe dont l'odeur de tabac lui semblait toujours si rassurante. Pas de Maman non plus pour la faire manger à force de cajoleries, pour brosser ses cheveux et les tresser, pour la prendre sur ses genoux lorsqu'elle avait peur ou lorsqu'elle était fatiguée. Pas de Maman. Pas de Maman nulle part.

Des larmes lui montèrent aux yeux et, pendant quelques minutes, Reine de Saba les sentit couler le long de ses joues, tel le petit ruisseau qui serpentait derrière eux à travers la prairie. Mais les larmes semblaient la débarrasser d'un grand poids et, peu à peu, elles cessèrent.

Elle éprouva alors un sentiment de calme et de vide comme si quelque chose ou quelqu'un était parti. Elle observa Roi David un instant, mais il dormait toujours, les bras rejetés en arrière, la bouche entrouverte. Une grosse mouche bleue se promenait autour de sa blessure à la tête, mais il ne la chassait même pas.
– Roi David ! appela-t-elle, mais il ne lui répondit pas.

Finalement, elle se leva et alla se promener parmi les arbres.

Quelques tournesols poussaient le long de la rivière et elle les cueillit pour en faire un petit bouquet. Plus loin, dans la prairie, il y avait beaucoup d'oiseaux et même quelques lapins. Quelques minutes plus tard, elle trouva un joli endroit peu profond où l'eau du ruisseau était parfaitement transparente. Pendant un long moment elle s'affaira à confectionner des pâtés de boue noire et à les empiler comme des crêpes ou des biscuits, essuyant de temps en temps ses mains sur sa robe. Finalement les gâteaux de boue lui firent tellement penser au repas qu'elle retourna vers l'endroit où Roi David dormait toujours et mangea un peu de farine de maïs. Celle-ci lui parut moins mauvaise que la dernière fois et elle en mangea une bonne portion. Ensuite, elle eut soif et but l'eau du ruisseau. Rassasiée, elle s'éloigna à nouveau et trouva la jument, Maggie, attachée à un arbre.

Le cheval hennit lorsque Reine de Saba s'approcha et s'ébroua vivement. Reine de Saba vit que Roi David lui avait donné de l'herbe à manger, mais qu'il n'en restait presque plus. Reine de Saba examina la jument. Elle avait faim, tout comme elle. Roi David devrait nourrir ce cheval. Papa nourrissait toujours ses chevaux ; parfois, il laissait même Reine de Saba leur tendre un peu de foin ou des pommes dont ils se régalaient. Finalement, sans trop de cœur ni d'enthousiasme, elle alla arracher plusieurs brassées d'herbe pour la jument. Elle la regarda pendant un instant choisir les brins d'herbe du bout de ses lèvres tendres avant de les mâcher et de les broyer avec ses grandes dents jaunes. Les boules de foin descendaient ensuite dans sa gorge avant de disparaître dans les profondeurs de son ventre.

Quand le soleil arriva au milieu du ciel, Reine de Saba, engourdie par la chaleur et le silence, eut à nouveau sommeil. Elle revint vers Roi David qui dormait, toujours allongé sur le dos, près de la couverture. Elle le regarda fixement pendant un moment. A la lisière des cheveux se dressait une bosse traversée par une horrible balafre rouge d'où suintait un liquide vert. Son visage était strié de boue et, de temps à autre, il marmonnait des mots incompréhensibles. Elle continua encore un peu à l'observer, mais il ne bougeait pas. Finalement, elle s'allongea également. Et juste avant de s'endormir, elle se demanda pourquoi Maman ne venait pas la prendre pour la poser sur une pile de couvertures à l'arrière du chariot...

Roi David se réveilla vers le coucher du soleil, en proie à une terrible angoisse. Il se sentait très faible. Il essaya de s'asseoir sans y parvenir. Reine de Saba, assise quelques mètres plus loin, mangeait de la farine de maïs.
— Y'a un truc vert qui sort de ta tête, dit-elle en le voyant réveillé.

Roi David leva une main tremblante et tâta prudemment sa blessure. Elle avait enflé énormément et il sentit qu'un liquide poisseux en sortait. Il déglutit : c'était une infection. Ce lambeau de chair qui pendait hier s'était infecté. Oh ! Seigneur, il ne s'en sortirait pas ! Comme il n'avait rien pour l'arrêter, l'infection se développerait et s'étendrait, et finirait par le consumer comme un feu de prairie.

Il essaya de réfléchir à ce qu'il pouvait faire. Sa mère mettait des cataplasmes sur les plaies et les imbibait d'eau chaude — mais il n'y avait rien de cela ici. Une fois, un cheval avait eu une blessure à la jambe qui s'était infectée et son père avait ouvert l'abcès avec son couteau. Tout le pus vert était sorti, et son père et lui avaient alors lavé la plaie. Le cheval s'était rétabli ; il devait même faire partie de ceux qui tiraient en ce moment le chariot de ses parents.

Roi David sortit lentement le couteau de sa ceinture. « Jésus, aide-moi », dit-il à voix basse. Allongé à plat sur le dos, il leva sa main gauche et tâta l'abcès, cala sa main droite qui tenait le couteau, puis entailla...

Reine de Saba hurla et bondit sur ses pieds.
— Roi David, tu as coupé ta tête !

De terribles élancements le parcoururent mais, après le premier giclement de sang et de pus, Roi David sentit quelque chose d'autre, une immense libération de pression et de chaleur. Il resta immobile pendant quelques instants, puis roula lentement sur lui-même. Faisant appel à toute son énergie, il se traîna jusqu'au bord du ruisseau et y plongea son front,

penchant la tête sur le côté pour laisser son nez hors de l'eau. Il sentit l'eau propre et fraîche entrer et sortir de la plaie. Il voyait le sang et le pus emportés par le courant.
– Scalpé ! soupira-t-il. Scalpé. Papa ne voudra jamais croire que j'ai fait ça moi-même...

Chapitre 6

Au cours de la nuit, Roi David fut réveillé plusieurs fois par une sensation de chaleur. Il s'était allongé sur un tapis d'herbe près de l'endroit le plus profond du ruisseau et, dès qu'il se sentait brûlant, il se soulevait et rampait jusqu'au bord du cours d'eau. Penchant la tête, il laissait l'eau fraîche rincer sa plaie. Il sentait vaguement que l'entaille commençait juste à la naissance des cheveux, mais il n'arrivait pas à se rendre compte de sa largeur ni de sa profondeur.

Lorsqu'il baignait son front dans l'eau

froide, il se sentait mieux, chaque fois un peu plus longtemps. Quand l'aube approcha et que le ciel devint gris à l'est, la douleur et le gonflement s'étaient estompés. En même temps, son esprit s'était éclairci. Il sentait la légère brise matinale sur son visage, entendait le murmure de l'eau toute proche et humait l'odeur de terre mouillée et d'herbe verdoyante. A mesure qu'il devenait conscient de ces impressions, il prenait également conscience de lui-même d'une façon nouvelle et différente. « Je suis ici — vivant — ainsi que Reine de Saba, tandis que tous ces autres gens, là-bas, sont morts. Je me demande pourquoi nous sommes les seuls. Pourquoi d'autres n'ont-ils pas pu également survivre ? Si seulement l'un d'eux vivait encore — Luke Skinner, peut-être — cela changerait tout... »

Finalement, las de ressasser cette idée, il la bannit de son esprit. Personne, ni Luke Skinner ni qui que ce soit d'autre, n'était là pour l'aider. Lentement, comme s'il déplaçait une lourde charge, il se retourna. Reine de Saba dormait, enveloppée dans la vieille couverture, à l'abri d'un peuplier tordu. La jument était attachée une dizaine de mètres plus loin et, dans les premières lueurs du jour, Roi David vit qu'elle piétinait le sol d'impatience et fouettait de la queue, chassant les mouches. « Il faut que j'aille lui donner de l'herbe, se dit-il, et le plus vite possible. » Il espérait parvenir à se lever et à rester debout ce jour même : il fallait qu'il s'occupe de la jument pour la maintenir en forme. Jusqu'à présent, le fusil et la jument représentaient les seules chances que, dans leur malheur, ils avaient reçues.

Au lever du soleil, Roi David commença à sentir la faim le tenailler. Laissant un moment son fusil, il rampa vers le sac de maïs et s'efforça de manger en étalant la farine sur sa paume pour la lécher ensuite. C'était tellement sec qu'il faillit s'étouffer. Il rampa alors vers le ruisseau et but de grandes gorgées d'eau. Il aurait donné n'importe quoi pour savourer les galettes chaudes que confectionnait sa mère, les haricots qu'elle faisait cuire avec du lard et des oignons, et pour boire de son bon café fort.

Des images de nourriture, de troupeaux, de chariots et de gens armés commençaient à l'obséder. Il se rallongea à côté du fusil et se mit à réfléchir. Il s'était contraint à accepter le fait que ses parents avaient dû être tous deux grièvement blessés pendant l'attaque des Indiens, sinon ils seraient déjà revenus les chercher, lui et Reine de Saba. Rien d'autre ne pouvait leur faire abandonner leurs enfants, que ces derniers fussent morts ou vivants.

Mais le convoi avait essuyé un terrible revers. Ce qu'il pouvait espérer de mieux pour ses parents était que les chariots aient pu échapper à leurs poursuivants même avec beaucoup de dommages. Le bon sens disait à Roi David qu'ils essaieraient de rejoindre Fort Laramie le plus vite possible. A présent, ils devaient avoir au minimum deux jours d'avance sur Reine de Saba et lui.

Roi David se rendait compte qu'il ne pourrait pas voyager aujourd'hui, ce qui aggravait la situation. Il était encore faible et il avait le choix entre rester terré ici et rattraper le convoi dans quelques jours seulement, ou se mettre en route le jour même, avant d'avoir repris des forces, et risquer de mourir au beau milieu de la prairie, laissant Reine de Saba complètement seule...

Le soleil était déjà monté dans le ciel lorsque Reine de Saba se réveilla. Elle ouvrit les yeux, s'assit aussitôt et regarda en clignant des paupières le dais de feuillage et le ruisseau.
— Maman ? Où est Maman ?
— Maman est dans le chariot. Ils sont..., ils sont devant nous.

Roi David préférait ne pas donner trop d'explications à Reine de Saba. Sa sœur était nerveuse et facilement irritable. Il valait mieux la contrarier le moins possible.
– Alors, ce que nous allons faire aujourd'hui, poursuivit-il, c'est camper ici.
– Je veux Maman !
– Dès que je serai guéri, nous monterons sur le cheval et nous la rattraperons.

Reine de Saba considéra la jument d'un air sceptique.
– C'est un cheval de trait. Il a un harnais, pas de selle.
– Ça ne fait rien. Il y a beaucoup de bêtes de trait qui peuvent être montées. J'ai

souvent vu Heber Stone monter ce cheval...

En vérité, il avait vu Stone monter l'un de ses chevaux, mais il ne se souvenait pas vraiment lequel c'était. Il ne lui restait plus qu'à espérer que cette jument puisse être montée, car il doutait fortement qu'ils aient l'un et l'autre assez de résistance pour parcourir à pied la distance qui les séparait des chariots. Il était blessé et Reine de Saba n'avait que six ans. Et s'ils continuaient à se nourrir exclusivement de farine et d'eau, leurs forces déclineraient rapidement.

Reine de Saba mangea quelques bouchées de farine et but de l'eau puis partit faire des pâtés de boue. « J'aimerais bien n'avoir que cela à faire », marmonna-t-il à part lui en la voyant s'absorber complètement dans son jeu. Puis il s'éloigna en titubant, moitié rampant, moitié marchant, pour soigner la jument. Une grande corde lui aurait été très utile pour attacher l'animal là où l'herbe était plus dense. Mais la jument portait seulement une bride et un licou avec une courte longe.

Il se souvint alors de son ballot et de la corde qui l'attachait. Il rampa vers les buissons où il avait laissé son bagage. Le ballot était ouvert et la corde était posée à côté, soigneusement enroulée, bien qu'il ne pût absolument pas se souvenir de l'avoir mise là.

La corde à la main, il retourna vers la jument en rampant. Pourvu que son étrange apparence ne l'effraie pas trop ! Tant qu'il avança la jument se contenta de coucher les oreilles et de s'ébrouer. Mais quand il se releva, elle poussa un hennissement perçant. Roi David dut lui parler pendant quelques minutes avant qu'elle ne s'apaisât et le laissât approcher davantage. Il parvint enfin à attacher la corde au bout de la longe et à conduire la jument vers un autre arbre entouré de creux emplis d'herbe tendre. Elle pourrait se nourrir là pendant plusieurs heures. Le cœur plein de gratitude, Roi David rampa vers l'endroit où il avait laissé Reine de Saba et s'endormit.

Il était tard dans l'après-midi lorsqu'il se réveilla. Des mouches bourdonnaient dans le silence et des sturnelles chantaient, volant dans l'air chaud à ras de terre. Une brise légère agitait les feuilles de saules et les peupliers, et quelques nuages dérivaient paresseusement vers l'horizon tels des moutons broutant dans un vaste pâturage bleu. Roi David prit une profonde respiration et se retourna pour chercher Reine de Saba.

La gorge était déserte. Rien ne bougeait excepté quelques moustiques qui vrombissaient doucement à l'ombre des saules. Il aperçut une grosse pile de gâteaux de boue, quelques bâtons, des graminées et des tournesols fanés qui jonchaient le sol ici et là, mais pas de petite fille en robe marron avec des cheveux blonds emmêlés et des chaussures qui ne lui appartenaient pas.

Maudissant ses jambes en coton, Roi David se mit debout tant bien que mal et l'appela plusieurs fois. Il n'entendit que le vent, le murmure de l'eau et le martèlement des sabots du cheval qui somnolait debout.

« Aller se promener en plein territoire-indien, c'est bien d'elle, pensa-t-il, furieux. C'est absurde, complètement absurde. » Il maudit à nouveau la présence de sa sœur. « Oh! mon Dieu, si seulement elle s'était trouvée avec les parents lorsque les Indiens avaient attaqué. » Tout seul, il aurait pu manger, dormir, marcher, bref, survivre et se sortir de cet horrible gâchis. Mais être chargé de Reine de Saba signifiait être entravé comme par un bras ou une jambe cassé. Ce fardeau représentait sans doute juste ce qu'il fallait pour faire pencher la balance du mauvais côté. Mais... que dirait Papa si lui parvenait finalement à rejoindre le convoi... sans elle ?

Il n'avait plus qu'à aller à sa recherche. Il prit son fusil malgré son poids, qui ralentirait sa marche, mais il n'osait pas s'en séparer plus de quelques minutes. Il regarda vers l'amont puis vers l'aval du ruisseau, se demandant avec lassitude quelle direction prendre. Puisque Reine de Saba aimait tant faire des pâtés de boue, il pouvait espérer qu'elle était allée simplement en faire d'autres un peu plus loin. Vers l'amont ou vers l'aval ? Finalement, pour la simple raison qu'il y avait par là moins de broussailles, il se dirigea vers l'amont.

Il mit plusieurs minutes à trouver ses traces, en partie parce que par moments sa vue se troublait. Quand il se sentait bien, il n'avait aucun mal à suivre une piste. Son père le lui avait appris et il avait reçu quelques bons conseils en écoutant le vieux guide. Mais aujourd'hui son cerveau ne distinguait plus les traces estompées et il n'arrivait pas à se concentrer. Il était obsédé par l'idée que, sans Reine de Saba, il aurait pu utiliser toute son énergie à se sauver lui-même, au lieu de gâcher le peu de forces qui lui restaient à chercher une petite fille désobéissante qui recommencerait à la première occasion !

A deux reprises, il fut sur le point d'abandonner, pensant qu'il avait pris la mauvaise direction. Enfin, il releva une trace très nette dans la boue noire et, un peu plus loin, l'une des bottines de Reine de Saba. Trop épuisé pour se sentir reconnaissant, il glissa la chaussure à l'intérieur de sa chemise. Il songeait avec hargne que sa sœur mériterait une bonne fessée lorsqu'il tomba sur la seconde bottine qu'il plaça auprès de l'autre.

Roi David poursuivit son chemin en amont du ruisseau. Le soir approchait. Le soleil était bas dans le ciel et ses rayons scintillaient sur les étroites feuilles de saules, gênant encore davantage la vue. Il se sentait hébété de fatigue, sa peau couverte de piqûres de moustiques le démangeait atrocement et ses pieds étaient trempés à force de patauger d'un côté à l'autre du ruisseau. Ce qui l'ulcérait le plus était de savoir qu'il n'aurait même pas la force de flanquer une bonne correction à Reine de Saba. Il rêvait de rameaux d'osier avec lesquels il imprimerait des zébrures sur ses jambes.

En débouchant d'un enchevêtrement dense de branches de saule, Roi David constata que des crues subites avaient élevé les bords de la ravine et son regard découvrit une série de petites mares peu profondes bordées d'herbes hautes et de petits saules. Il cligna des yeux et retint son souffle.

Reine de Saba était assise au bord de la mare la plus proche. Elle berçait dans ses bras un objet qu'il ne pouvait pas voir. Elle leva les yeux vers lui sans paraître surprise.

– J'ai trouvé une poupée, dit-elle tranquillement, comme si elle était assise sur le seuil de leur vieille maison du Missouri et que Roi David rentrait après avoir terminé ses tâches quotidiennes.

Elle lui montrait un morceau de bois noueux, gros et court, et Roi David vit que ce bout de bois avait effectivement une forme humaine, avec une bosse en guise de tête, des jambes et des bras trapus. Mais il aperçut aussi quelque chose d'autre, quelque chose d'infiniment plus intéressant que la poupée de Reine de Saba.

A quelques mètres derrière elle sur la rive, se tenait un lapin. Un gros lapin qui devait bien peser un kilo et demi ou deux kilos. Du lapin...

Précautionneusement, silencieusement, Roi David souleva son Sharps, mit une amorce en place et visa.

– Ne bouge pas, chuchota-t-il, et tais-toi...

Le lapin remua les oreilles ; dans une seconde, il s'enfuirait d'un bond.

Le bruit fracassant du coup de fusil résonna à travers la ravine jusqu'aux flancs des collines peu élevées. Le lapin poussa un cri perçant, tressaillit et roula en bas de la rive, mort.

Chapitre 7

Roi David se pencha au-dessus du petit tas de brindilles et de bouse de bison séchée qu'il avait installé sous la rive creusée de la ravine. Il présentait des brins d'herbe à la minuscule flamme bleue qui brûlait sous les combustibles tout en observant anxieusement les volutes de fumée qui s'élevaient dans l'air avant d'être emportées par la brise.
– Évente la fumée, Reine de Saba. Ne la laisse pas monter tout droit. Chasse-la et disperse-la.
– Je suis fatiguée, grogna Reine de Saba.
Sa main qui agitait un bouquet de

feuillages verts se fit hésitante. Dans son bras libre, elle berçait toujours le bout de bois noueux qu'elle appelait sa poupée. De temps en temps, elle la tapotait et la cajolait.
— Tu veux manger, n'est-ce pas ? Tu veux manger autre chose que de la farine crue ? Très bien, alors *aide-moi !*

Il avait allumé un feu minuscule et mis le lapin dépiauté, nettoyé et coupé en morceaux dans la petite marmite avec un fond d'eau. La marmite tenait en équilibre au milieu des flammes et l'eau commençait à bouillir. Dans un instant, la viande serait assez cuite pour être mangée. L'odeur de fumée dérivait au loin : s'il y avait des Indiens dans les environs, sa sœur et lui ne tarderaient pas à être repérés. Il était possible aussi que ceux qui avaient attaqué le convoi reviennent sur leurs pas. Dans l'un ou l'autre cas, Roi David savait qu'il ne possédait pas assez de munitions pour les tenir à distance pendant plus de quelques minutes.

Mais il fallait manger cette viande. La farine de maïs crue et les pommes les empêcheraient peut-être de mourir de faim, mais ne leur donneraient certainement pas l'énergie dont ils avaient besoin.

Il remua le lapin avec un bout de bois propre.
— Ciel, ça sent bon !
— J'ai faim, dit Reine de Saba en éventant mollement la fumée.

Elle avait l'air fatigué et perdu. Elle était sale. Sa mère ne lui aurait pas laissé une robe pleine de boue et des brindilles plein les cheveux.
— Je ne veux plus faire ça !

Reine de Saba jeta les feuillages par terre et s'éloigna.
— Reine... nom de Dieu !

Reine de Saba le regarda avec des yeux exorbités.
— Tu as juré ! J' vais le dire à Maman.
— Reine... il faut que tu m'aides. Je ne peux pas tout faire tout seul. Reviens et évente la fumée... je t'en prie.

Reine de Saba se redressa et prit un air arrogant.
— Je ne vais rien faire, rien faire du tout. Et j' dirai à Maman que tu as juré... et que tu m'as tapé dessus.

— Oh ! mon Dieu ! marmonna-t-il. Oh ! mon Dieu !

Reine de Saba s'éloigna en tapant des pieds et se coucha par terre contre un tronc d'arbre tombé. Elle se frotta le visage de ses mains sales et Roi David comprit qu'elle pleurait.
— J'ai faim, dit-elle doucement. Je veux ma Maman...

D'un air las, Roi David remua le feu et y ajouta un brin d'herbe. « Ça ne sert à rien de se battre avec elle. Il ne faut pas que j'oublie qu'elle est encore petite, répéta-t-il en vidant l'eau de la marmite. Il ne faut pas que j'oublie qu'elle est encore petite. »
— Voilà, dit-il en s'efforçant d'être joyeux, le lapin est cuit. Seigneur, ça va être bien bon ! Viens, Reine de Saba, je te laisserai manger dans la marmite.

Ils demeurèrent silencieux tandis que leurs doigts et leurs mâchoires s'activaient. Reine de Saba dévora sa part et suça les os. Roi David remarqua avec inquiétude son silence qui montrait bien à quel point elle était affamée. Quand il ne resta plus la moindre miette de lapin, il choisit une pomme pour chacun d'eux. Il frotta même rapidement celle de Reine de Saba contre la manche de sa chemise.

Les flammes étaient à présent éteintes, mais les braises dégageaient encore un peu de chaleur et ils s'en approchèrent tous deux en rampant.

Reine de Saba regardait fixement le feu mourant, toute recroquevillée pour se protéger de la fraîcheur nocturne. Elle semblait transie, petite et sans défense. Derrière elle, les ombres de la prairie devenaient menaçantes et les saules ne constituaient qu'une fragile barrière entre eux et l'immensité sèche et désolée.
– Tiens, Reine, enveloppe-toi dans ce manteau, dit Roi David. Il faut que je laisse mourir le feu, car j'ai peur qu'on l'aperçoive. Mais tant qu'il a duré, c'était bien agréable.

Reine de Saba acquiesça très vaguement d'un signe de tête.

Au-dessus d'eux, au-delà de la voûte des arbres, le ciel s'obscurcissait; on n'entendait que le doux clapotis du ruisseau, les premiers hululements hésitants d'une chouette commençant sa chasse nocturne et les stridulations des criquets dans l'herbe touffue.

Les pensées de Roi David s'envolèrent loin de ce lieu pour errer au-dessus de la plaine sombre qui les entourait et il sentit alors une profonde angoisse le submerger. Il se demanda une fois de plus si lui, un garçon de douze ans blessé à la tête, serait assez fort, assez malin, pour surmonter la faim et la soif, la solitude et la distance, sans parler des actes insensés de Reine de Saba, pour franchir tous les obstacles qui pourraient se présenter et rejoindre la sécurité du convoi ?

« Mais il n'y a que moi, personne d'autre que moi. Personne. C'est moi ou... »
— Raconte-moi une histoire.

Roi David leva la tête, surpris. Il pensait que Reine de Saba était assoupie. Il répéta sans trop comprendre.
— Une histoire ?
— Raconte-moi une histoire. Le soir, Maman me raconte toujours une histoire.

Elle le regardait avec assurance,

comme quelqu'un qui n'a qu'à demander pour obtenir. Elle ressemblait à un petit hibou brun négligé, perché sur son tronc d'arbre. La poupée de bois était blottie sur ses genoux.
– Ah!... Je n'arrive pas à me souvenir d'une histoire...

Roi David fouilla dans sa mémoire. Pris au dépourvu, il ne parvenait pas à se souvenir d'une seule histoire à lui raconter.

Reine de Saba se mit à pleurer.
– Maman me raconte toujours une histoire...
– Bon, d'accord. Alors arrête de pleurer. Tais-toi... Je vais réfléchir... voyons... et si je te racontais... Si je te racontais l'histoire de nos prénoms ?
– Je la connais.

Reine de Saba cala la poupée de bois sous son menton et se frotta les yeux. Elle avait terriblement sommeil et si Roi David parlait pendant quelques minutes encore, elle s'endormirait. Il pourrait aller nourrir le cheval et vérifier s'il était bien attaché avant de s'endormir, lui aussi.

— Écoute, je n'arrive pas à penser à une autre histoire pour le moment. En tout cas... il y a longtemps, bien longtemps, vivait un grand roi appelé David.

Il était assis, le dos arrondi appuyé contre le tronc d'un peuplier, le fusil en travers des genoux, se souvenant de ces jours lointains où sa mère, assise auprès du feu après le dîner, tricotant ou cousant, leur avait raconté l'histoire de leurs origines...

— ... Et ce grand roi était un grand soldat...

— Tu devais me raconter l'histoire de mon nom.

— J'y viens. Eh bien, ce David a tué Goliath, un géant très méchant, et tout un tas d'autres méchants. Il commandait une armée et, avec elle, il parcourut le pays, faisant des lois et disant aux gens d'être bons et honnêtes. Finalement, il devint roi de Jérusalem...

Reine de Saba bâilla.

— Et tout le monde entendit parler de ses bienfaits. Et il a écrit des chants — qu'on appelle des psaumes — et quand je suis né, Papa a voulu me donner son nom

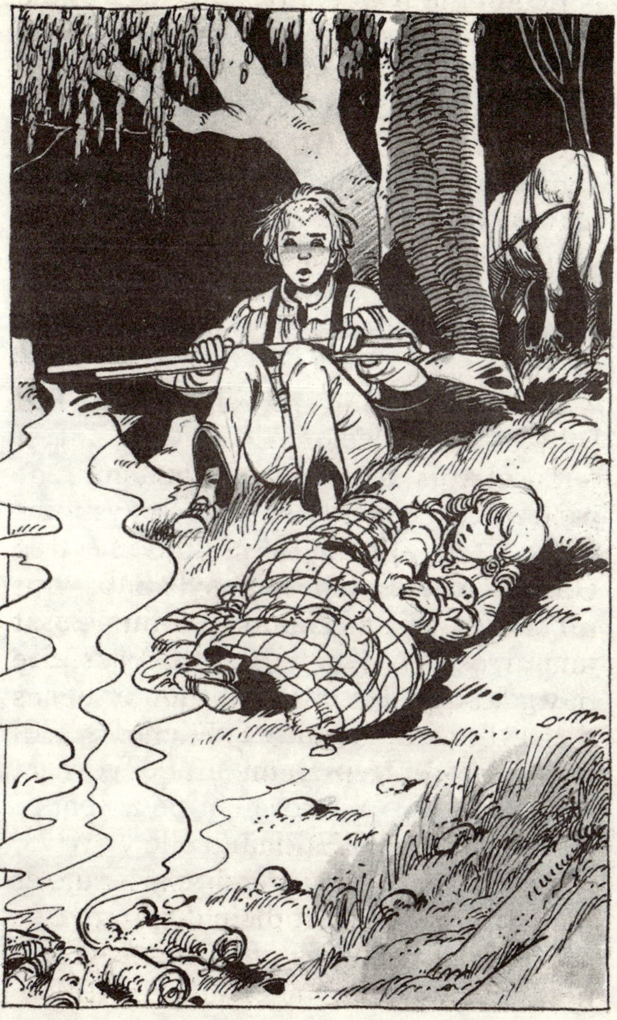

parce qu'il s'était courageusement battu pour le Seigneur.
– Raconte-moi l'histoire de Saba.

Sa sœur avait les paupières lourdes et dodelinait de la tête.
– Eh bien, David avait un fils qui s'appelait Salomon. C'était aussi un grand roi... quand même pas aussi grand que David...

Le visage de Reine de Saba se rembrunit.
– Bon, bon... un grand roi, concéda Roi David à contrecœur. Il était en fait si remarquable que des gens entendirent parler de lui, même dans des pays lointains. Et il y avait une reine, une très grande reine d'un pays appelé Saba, qui voulut savoir si Salomon était aussi remarquable qu'on le disait. Alors elle chargea tous ses serviteurs, son or et ses trésors sur des chameaux et des éléphants, et entreprit un grand voyage. Elle alla jusqu'à Jérusalem pour rendre visite à Salomon. Et quand elle y arriva, elle offrit à Salomon plein de présents et à son tour il lui offrit plein de présents...
– De l'or ? demanda Reine de Saba d'une voix endormie. Des bijoux ?

— Ouais, toutes ces sortes de choses. Puis la Reine de Saba retourna dans son pays. Et alors, quand tu es née — il ne lui dit pas qu'il y avait eu avant elle deux autres bébés qui étaient morts — Maman et Papa ont pensé que tu étais quelque chose de vraiment merveilleux. C'est pourquoi ils t'ont appelée Reine de Saba, parce que c'était une grande dame et qu'ils veulent que, toi aussi, tu deviennes une grande dame...

Reine de Saba se laissa doucement tomber sur le sol couvert de feuilles.
— Je... je serai une grande dame... chuchota-t-elle en s'endormant.

Roi David étendit la couverture sur elle. Il jeta de la terre sur les braises, saisit son fusil pour aller inspecter les alentours et nourrir le cheval. Puis il la regarda :
— Ouais, tu deviendras une grande dame... si j'arrive à te sauver la vie.

Chapitre 8

Le jour se leva dans une lumière cuivrée. Il faisait anormalement chaud. Roi David se réveilla en sueur et lorsque au prix de grands efforts il parvint à s'asseoir, il vit que l'herbe était chargée de rosée.

Il contempla longuement le fond ombragé de la ravine qui bordait le ruisseau. Il se sentait nerveux, presque angoissé, comme s'il avait été réveillé par un bruit alarmant et cependant il ne voyait aucun signe de danger. Quelques mètres plus loin, Maggie, la jument baie, sommeillait debout, chassant de sa queue quelques mouches matinales. Reine de Saba, enveloppée dans la couverture, dormait encore. Les restes du petit feu n'étaient plus que des charbons noircis depuis longtemps. Il avait enterré les os du lapin pour éviter que des coyotes ou des loups errants ne les sentent et ne s'approchent trop près de leur campement.

Il leva une main et tâta prudemment sa blessure. A son grand soulagement, il sentit que la plaie était moins enflée et que le pus ne suintait plus, mais il se demanda quelle tête il pouvait bien avoir... Il n'aimait pas l'idée qu'une plaie béante trouait le cuir chevelu qui aurait dû recouvrir son crâne. Ça ne se faisait pas de laisser ainsi le grand jour pénétrer jusqu'à son cerveau...

Après quelques instants de vaines réflexions sur sa blessure, il rampa silencieusement vers le sac de farine et mangea. Il se redressa, s'étira et essaya de marcher d'une bonne foulée. Il était toujours faible, mais il se sentait nettement mieux que la veille. « Il faut plus qu'un couteau de Sioux pour me tuer ! » conclut-il sombrement.

Il détacha la jument et la conduisit jusqu'au ruisseau pour la faire boire puis, le fusil à portée de main, il ramassa pour elle des brassées d'herbe. Maggie remua l'herbe fraîche du bout de ses naseaux avant de se mettre tranquillement à mâcher. Roi David resta un moment à côté de la jument. Silencieux. Il ne lui avait jamais ôté son harnais et elle devait commencer à ne plus le supporter. Il passa ses mains sous le collier mais ne sentit aucune irritation là où le harnais frottait contre la peau résistante, ni bardane ni épine ni tique. Maggie paraissait en bonne santé. Cela était rassurant. Il était temps de se préparer à partir.

Il réveilla Reine de Saba et lui offrit de la farine de maïs. Reine de Saba était d'humeur grognon.
— Je ne veux pas de farine de maïs. Je veux de la bouillie chaude avec du lait.
— J'en ai pas.
— Où est Maman ? Je veux ma Maman.
— Elle est... C'est ce que nous allons

faire aujourd'hui, Reine de Saba : nous allons essayer de rattraper les chariots... ceux dans lesquels sont Papa et Maman.
— On va retrouver Maman aujourd'hui ?
— Eh bien... (Il se demandait jusqu'où il pouvait aller dans ses promesses. Reine de Saba était assez grande pour s'en souvenir et les lui rappeler...) on va se mettre en route aujourd'hui. Je ne pense pas qu'on les rattrapera avant trois ou quatre, peut-être même cinq jours. Cela dépend de la vitesse à laquelle nous avançons.

Ils avaient perdu un temps considérable. Les chariots avaient dû avancer au galop sur une courte distance durant l'attaque. Ils s'étaient ensuite arrêtés pour laisser les chevaux souffler. Puis ils s'étaient efforcés de continuer. Le maître de convoi, Keane, s'il était encore en vie, avait dû les pousser à marcher sur Fort Laramie le plus vite possible.

Roi David avait prêté l'oreille lorsque les hommes du convoi parlaient entre eux, et il avait gardé en mémoire tout ce qu'il avait entendu sur les points de repère et la piste à suivre jusqu'à Fort

Laramie. Le terrain s'élèverait progressivement au bout de l'interminable prairie et on découvrirait alors des abrupts et des affleurements rocheux, des ravins et d'autres collines sablonneuses. Deux jours avant le raid indien, le convoi avait déjà aperçu Chimney Rock et, la veille de l'attaque, avait campé à la passe Robidoux, dans la région du Scott's Bluff. A partir de là, leurs sept chariots avaient suivi une piste qui devait à présent être coupée par les Indiens. Et sans doute voyageaient-ils encore plus au Sud.

Roi David était certain de ne pas se perdre : quatorze chariots, un troupeau de bêtes en liberté et des chevaux laisseraient des traces qu'un garçon comme lui était capable de suivre.

Le soleil montait dans le ciel et scintillait dans ses yeux. Il était temps de partir.

Roi David détacha la jument et la ramena vers leur petit campement. Il enroula le ballot et l'attacha en travers du dos de la jument, l'amarrant à son harnais. Maggie tourna la tête et flaira le paquet, mais ne fit aucun véritable effort

pour s'en débarrasser, bien qu'elle levât une ou deux fois ses postérieurs quand il passa derrière elle, comme si elle voulait lui lancer une ruade. Roi David prit soin de rester hors d'atteinte de ses énormes sabots. Il aurait préféré essayer la jument et voir si elle était docile avant de lui confier Reine de Saba, mais ses forces et son temps étaient limités.
— Viens ici, Reine.

Il prit sa sœur et, avec une énergie qui le laissa à bout de souffle, la souleva et parvint à la hisser sur le dos du cheval. Les yeux de Reine de Saba s'écarquillèrent. Sa main libre se cramponna à l'attelle ; son autre bras entourait la poupée. Ils restèrent tous les deux silencieux, attendant de voir ce que la jument allait faire. Alors Maggie baissa la tête et Roi David pensa qu'elle allait décocher une ruade. Il saisit la bride et la tira brusquement en tous sens. Maggie, affolée, coucha les oreilles, puis son exaspération se dispersa. Elle s'ébroua, toussa, montra ses dents, mais ne rua pas.

Roi David, qui retenait sa respiration, souffla. Il ramassa le fusil et le tint dans sa main droite, saisit la longe de la main gauche, conduisit Maggie hors de la ravine et se dirigea vers l'ouest.

Ils avaient enfin pris la route.

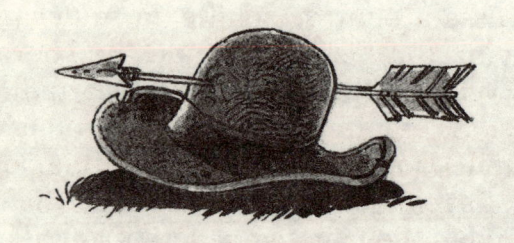

Chapitre 9

– Roi David... c'est la vallée des ossements !

Roi David, qui menait toujours la jument tandis que Reine de Saba la montait, arrêta brusquement l'animal et scruta le paysage qui les entourait. Ils venaient de traverser un couloir qui séparait deux collines basses et entraient dans une petite vallée qui couvrait peut-être quatre-vingts hectares. Devant eux s'étendaient des amas et des grappes d'ossements blanchis : de grandes côtes incurvées, des vertèbres énormes, de gros et lourds tibias, des crânes épais portant encore leurs cornes. Des touffes d'herbes sèches et des figuiers de Barbarie chargés de pointes acérées scintillaient à travers ces enchevêtrements d'ivoire et les lézards filaient presque trop vite pour qu'on pût les apercevoir.

– Je me demande ce que ça peut bien être... dit Roi David en trébuchant contre l'un des crânes. Je n'ai jamais vu autant d'os...

Effrayée, Reine de Saba se pencha en avant :

– Est-ce que ce sont des os de gens ?

Roi David en examina rapidement et rétorqua, agacé :

– Oh !... bien sûr que non ! Ils sont beaucoup trop gros. Et les humains n'ont pas de cornes !

Il leva un pied et tenta d'envoyer rouler un crâne un peu plus loin. Le crâne était si lourd que Roi David ne put même pas le faire bouger.

– Regarde bien, Reine de Saba, ce sont des bisons. Les hommes n'ont pas des crânes comme ça... ni des cornes... ni des côtes de cette taille-là.

Reine de Saba ne sembla pas convaincue.

— Je n'en ai jamais vu, des os humains. je crois que c'est la vallée des ossements comme c'est raconté dans la Bible.

Roi David mit sa main en visière devant ses yeux et essaya de compter approximativement le nombre de squelettes. A trente-neuf, il abandonna. Le soleil se réfléchissant sur des surfaces d'une blancheur absolue l'éblouissait, et le vent qui passait au travers des cages thoraciques faisait parvenir à ses oreilles un sifflement lugubre.

Derrière lui, Maggie s'ébroua nerveusement et leva ses postérieurs l'un après l'autre. Elle sentait encore la mort, bien que le soleil de la prairie eût depuis longtemps brûlé et arraché aux carcasses des bisons massacrés tout leur sang, leur chair déchiquetée et leur puanteur de décomposition. Roi David jeta un coup d'œil par-dessus son épaule et se demanda s'il parviendrait à faire traverser la vallée à la jument ou s'il faudrait faire un détour. Maggie s'agitait ; d'un coup sec, elle pouvait lui arracher la longe des mains et décamper au grand galop si l'envie lui en prenait. Mais Roi

David détestait l'idée d'avoir à s'écarter de sa route, car chaque pas supplémentaire rendait l'issue de ce voyage plus incertaine.
— Reine de Saba, tu ferais mieux de descendre et de marcher pendant que nous traverserons cet endroit. Maggie risque de se comporter bizarrement et tu pourrais bien te retrouver par terre.

Reine de Saba frissonna et déclara :
— Je ne vais pas marcher au milieu de ces os desséchés ! Ils vont se relever et revivre.
— Oh !... ça suffit avec cette histoire ! rugit Roi David. Ce n'est pas la vallée des ossements où le Seigneur relève les morts et leur redonne des muscles et de la peau. Non, ça, ça se passait... eh bien, je crois... quelque part dans Jérusalem. En tout cas, très loin d'ici. Et ce ne sont pas des gens, ce sont des bisons.
— Comment tu le sais ? T'as jamais vu de bisons morts.
— Je le vois bien... Oh ! à quoi bon t'expliquer ? Alors, reste sur ce cheval et tiens bon. S'il commence à ruer, saute vite. Il ne faut pas que je lâche la longe et je ne pourrai peut-être pas te recevoir.

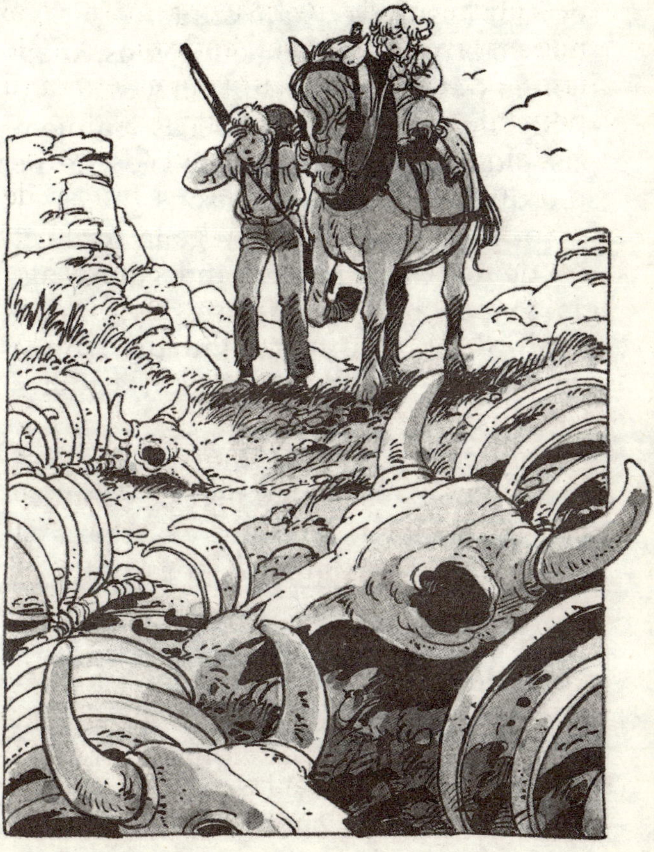

Roi David tira la corde d'un coup sec, mais Maggie semblait avoir été changée en pierre. Inébranlable. Il tira à nouveau et elle coucha les oreilles. Reine de Saba observait le cheval, pas très rassurée, et scrutait le sol avec inquiétude.
— J' veux pas tomber sur ces os, marmonna-t-elle. Ils vont se... relever !
— Oh ! ne pense plus à ça ! T'as vraiment pas plus de cervelle qu'une oie ! Ce ne sont que de vieux os de bisons.

Roi David serra davantage la corde et tira de toutes ses forces, tandis que Maggie se penchait en arrière, les jambes semblables à quatre lourds troncs plantés dans le sol. Elle se mit à rouler des yeux furieux.
— Maintenant, je sais ce que c'est, dit Roi David d'une voix haletante. Ce sont des bisons... tués ici... par des chasseurs de peaux. C'est Papa qui me l'a raconté.

Il cessa de tirer sur la longe pour reprendre son souffle. Un effort supplémentaire l'épuiserait. S'il laissait la jument tranquille quelques minutes, peut-être finirait-elle par se calmer. Sinon, il faudrait contourner cet endroit, et ajouter presque deux kilomètres à un parcours déjà interminable.

Reine de Saba croisa les bras.
– Si c'étaient des bisons, comment c'est possible que quelqu'un en ait tué tellement en un seul endroit ? Personne peut manger tous ces bisons à la fois.

Roi David observa la jument. Elle semblait plus calme ; il posa un genou par terre et cala contre le sol la crosse de son lourd fusil.
– Écoute-moi, dit-il d'un air absent, ils ont été tués par des chasseurs de peaux. Les chasseurs de peaux tuent tous les bisons qu'ils peuvent pour leur enlever leur peau et ils laissent pourrir les carcasses. Ils ne mangent pas la viande, ils ne font que prendre les peaux.
– Pour quoi faire ?
– Pour les vendre. Elles sont tannées pour faire des vêtements. Pour faire du cuir peut-être, je ne sais pas. Je pense que c'était pour gagner de l'argent.

Maggie baissa la tête et sa bouche de velours se promena au-dessus de l'énorme crâne à côté d'eux. Roi David vit un frisson la parcourir, telle une ride parcourant l'eau lorsque souffle une risée. Il espérait qu'elle sentirait que le crâne et les os ne représentaient plus pour elle aucun danger.

— Je ne te crois pas, dit Reine de Saba. M. Skinner a tué une fois pour nous un bison, et toutes les familles ont eu un peu de viande, et c'était bon à manger... J'ai faim.

— Ouais, bien sûr que c'est de la bonne viande. C'est pour cela que les Indiens chassent le bison.

— Ce sont peut-être les Indiens qui ont mangé ceux-ci.

— Non, ce sont des chasseurs de peaux qui ont fait cela. Des Indiens n'auraient pas pu en tuer autant à la fois, ni transporter autant de viande pour la cuire ou la faire sécher. Dans ce cas, il manquerait ici des tas d'os. Non... personne n'a mangé cette viande. Elle est restée là à pourrir, gâchée.

Un vent chaud soufflait en silence dans la vallée, et Roi David pouvait entendre sa propre voix résonner comme un coup de tonnerre. Ce vent n'apportait plus aucune odeur, mais Roi David pouvait sans peine imaginer la terrible puanteur qui avait dû envahir la prairie, il y a longtemps, lorsque ces puissantes bêtes avaient été abattues sous le soleil brûlant. Les Indiens avaient dû la sentir à des kilomètres à la ronde. Et lorsque cette odeur avait pénétré leurs narines, ils avaient compris que la chair des animaux massacrés ne bouillirait jamais pour les nourrir, eux et leurs enfants, et leurs vieux parents. Les estomacs des Sioux avaient dû grogner de faim en sentant cette odeur ; cette puanteur devait les hanter lorsqu'ils pointaient leurs flèches vers des visages blancs, vers ces hommes blancs qui tuaient pour des peaux et de la fourrure, et qui laissaient pourrir de la nourriture...

Maggie leva la tête. Elle semblait être contente de savoir que le crâne ne l'attaquerait pas. Roi David se remit péniblement sur ses pieds et reprit son fusil.
– Je vais essayer de la faire avancer. Cramponne-toi bien, Reine de Saba.

Reine de Saba s'agrippa aux attelles et ses yeux roulèrent nerveusement d'un côté à l'autre tandis que Roi David tirait par saccades sur la longe et faisait brusquement un pas en avant. Maggie s'ébroua et se rebiffa, mais finalement elle fit un pas en avant, puis un autre et encore un autre...

Au fond de la dépression, l'atmosphère était plus macabre encore. Roi David se surprit à regarder à gauche, à droite et par-dessus son épaule tout en guidant la jument parmi les amas d'ossements.

Reine de Saba poussa soudain un hurlement.
– Regarde! Tu vois... J' t'avais dit... qu'ils allaient se lever!

Roi David tourna vivement la tête pour regarder dans la direction qu'elle indiquait. Effectivement, un monticule d'os bougeait, bruissait, cliquetait...
– Oh! ciel... Reine de Saba... c'est seulement un serpent, un serpent à sonnettes à l'intérieur.

Même à cette distance, Roi David distinguait nettement le corps ondulant brun et gris d'un crotale de la prairie. Sa queue formait une masse confuse, mais il percevait le staccato aigu, annonciateur de danger, de mort...

Maggie leva brusquement la tête, tirant au maximum sur la longe. On pouvait voir le blanc de ses yeux. Elle s'écarta vers la droite en piaffant, loin du serpent.
– Tire dessus ! cria Reine de Saba.
Roi David se démenait pour ne pas lâcher la corde et ses pieds traçaient des sillons dans la poussière.
– C'est un serpent, poursuivit-il et, à cette distance, il ne risque pas de nous faire mal. Je ne peux pas gâcher une balle.
– Tue-le ! Tue-le !
– Non.

Ils avaient à présent laissé le serpent derrière eux et montaient sur l'autre versant, avançant précautionneusement. Maggie balança la tête pour regarder derrière elle, tout en s'ébrouant. Reine de Saba était hagarde :
– Pourquoi tu ne l'as pas tué ?
– A quoi bon ? C'est comme tuer les mouches, une centaine d'autres viendront aux funérailles. De toute façon, je trouve qu'on a assez tué ici.

Quand ils atteignirent le rebord de la

dépression, ils firent halte. A bout de souffle, Roi David essuya la sueur qui coulait dans ses yeux. Et lorsqu'ils regardèrent derrière eux le champ funèbre silencieux, la pile d'ossements qui cachait le serpent changea de position avec un léger claquement tandis que le reptile s'éloignait. La rangée de côtes pointait à présent vers le ciel tels les doigts d'un mourant.

– Tu vois ? marmonna Reine de Saba. J'avais raison. Je t'avais dit que ces os allaient se relever.

En fin de matinée, Roi David parvint à repérer la piste principale tracée par les chariots. Apparemment, quelques-uns d'entre eux s'étaient séparés du reste du convoi dans la confusion qui avait suivi l'attaque. Roi David dut faire de nombreux détours pour aller voir ici et là avant de trouver l'endroit où tous s'étaient à nouveau retrouvés. Le soleil était au zénith lorsque, clignant des yeux, il aperçut devant lui, depuis le sommet d'une petite hauteur, une place où sur une grande largeur des traces de roues, des pierres retournées et de

l'herbe couchée marquaient la piste.
– Où sont Maman et Papa, Roi David ? Je veux rattraper Maman.

Reine de Saba, perchée sur le large dos de Maggie, tenant d'une main l'attelle pour garder l'équilibre et serrant sa poupée de l'autre, se trémoussait.
– Je me demande pourquoi Papa t'a appelé Roi David. Tu ne peux même pas trouver Papa, Maman et le chariot. Tu n'as vraiment pas l'air d'un roi.

Roi David lui jeta un regard furieux.
– Très bien, à partir de maintenant, tu peux me parler uniquement si tu m'appelles par mon autre nom : Anaximander.

« Ce nom d'un brave Grec de l'Antiquité, dont j'ai entendu parler une fois à l'école... ça va l'impressionner et l'occuper un moment. »

Roi David était à la fois surpris et ravi de sa propre ingéniosité : il avait conçu un plan d'une grande cruauté mais apparemment pacifique. Empêcher Reine de Saba de s'emporter contre lui était plus cruel que de la frapper et ne lui laisserait même pas une marque. Papa et Maman

ne lui demanderaient aucune explication. Il eut un large sourire.
— A...man...
— Non.
— Anka...
— Non. Je t'interdis de me parler tant que tu ne l'as pas prononcé correctement.
— Anka...salanka...

La voix de Reine de Saba se transforma en un hurlement sinistre.
— ...sander...

Elle prit une profonde respiration et se mit à brailler. Cette toute petite fille arrivait à produire un son d'un volume surprenant qui sembla emplir tout l'espace de la prairie. Maggie baissa la tête et arqua le dos. Roi David eut des visions de cheval en train de ruer. Il n'en avait vraiment pas envie.
— Tais-toi! beugla-t-il. C'est pas grave, tu peux m'appeler Roi David... seulement... tais-toi!

Les braillements de Reine de Saba se changèrent en sanglots hachés.
— Il n'y a pas à dire, tu es vraiment courageuse et pleine d'entrain, Reine de Saba! s'exclama Roi David, furieux. Un

vrai pionnier ! Mais tu n'es pas assez grande pour parcourir à pied tout le chemin que nous avons à faire. Alors, reste assise sur ce cheval, tais-toi et ne fais rien qui puisse l'effrayer.

Droit devant eux, se trouvait un buisson de figuiers de Barbarie que Roi David fit contourner à la jument. Maggie requérait une attention constante : elle avait peur des terriers de blaireau, sursautait facilement si un oiseau volait près d'elle et trébuchait sur chaque pierre. Roi David se félicitait de ce que son père lui ait appris beaucoup de choses sur la manière de traiter les chevaux récalcitrants. A présent, au bout de quelques heures de route en compagnie de Maggie, il avait le sentiment d'en avoir appris beaucoup plus encore...
– On va par où ? demanda impatiemment Reine de Saba.
– Droit devant nous. On suit ces traces. Facile.

Le soir, un vent frais se leva soudain et, en quelques minutes, de lourds nuages d'orage se formèrent à l'horizon puis foncèrent sur eux. En un rien de

temps, le soleil disparut en clignotant derrière des nuages gris sombre et, peu après, ils sentirent les premières gouttes.
— Ce n'est qu'un grain, marmonna Roi David en boutonnant son manteau et en tendant l'autre à Reine de Saba.

Il dégagea le chapeau de Luke Skinner, coincé sous la corde du ballot.
— Je ne veux pas que la pluie tombe dans ma tête, grommela-t-il en l'enfonçant délicatement jusqu'aux yeux. J' pourrais avoir des têtards dedans.

Il regrettait un peu d'avoir fait brailler Reine de Saba. Son père lui aurait flanqué une volée pour l'avoir poussée à bout. Reine de Saba, recroquevillée sur le dos de Maggie, tel un moineau sur une clôture, lui jeta un regard dénué de toute expression et ne sourit même pas de sa blague. Roi David songea à lui faire une horrible grimace, puis décida que cela ne valait pas la peine. Il enroula la longe autour de son poignet et bourra de coups le ventre de Maggie pour la faire avancer.

L'orage se faisait d'heure en heure plus violent et la prairie, voilée derrière un rideau de pluie, n'avait plus ni couleur ni

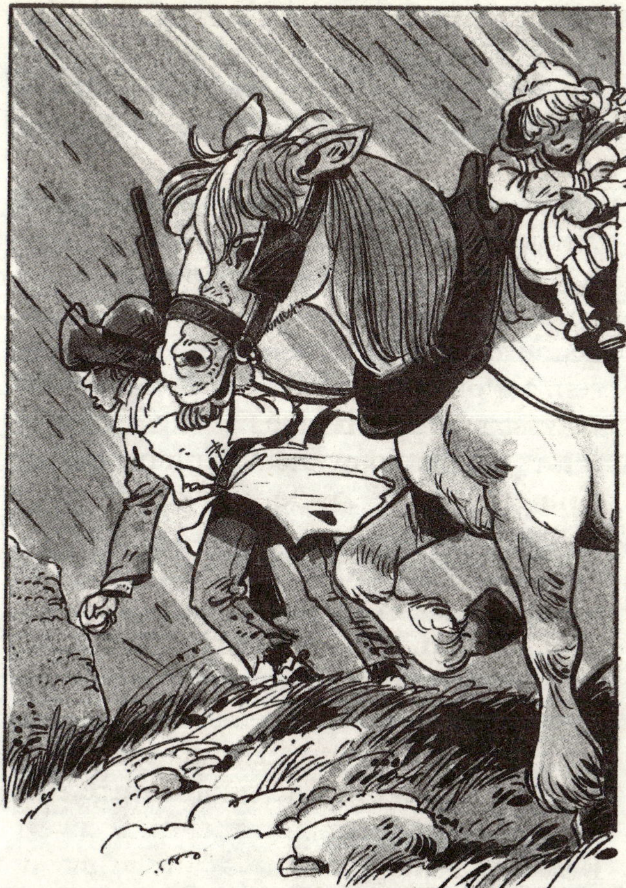

contour. Le tonnerre retentissait avec fracas à leurs oreilles et les éclairs dessinaient de toutes parts des fourches luminescentes. La jument, nerveuse, s'ébroua et Reine de Saba hurla. Un vent déchaîné s'était levé et rabattait la pluie en plein visage. Les gouttes semblaient acérées comme des clous. Les manteaux commençaient à prendre l'eau et la pluie leur dégoulinait dans le cou. Reine de Saba se remit à pleurer.

Frissonnant, trempé, aveuglé par la pluie, Roi David avançait d'un pas lourd, tirant derrière lui la jument dont le collier s'imprégnait d'eau. Sa crinière et sa queue noires ruisselaient. Il essaya de lever la tête et de chercher la piste, mais l'orage avait couché les herbes, l'eau emplissait chaque dépression et s'écoulait à flots de chacune des hauteurs. Ce que Roi David croyait être des traces pouvait être n'importe quoi d'autre et il se rendit bientôt compte qu'il avait perdu la piste.

La foudre tomba sur la terre devant eux et à leur gauche dans un fracas assourdissant. Roi David chancela mais, dans la seconde de lumière intense, il avait aperçu droit devant eux une butte, une petite élévation aux parois rocheuses éboulées. Il y aurait peut-être là un rocher en surplomb, sous lequel se mettre à l'abri de la terrible force de l'orage.

Titubant, peinant, jurant, Roi David conduisit la jument affolée en haut de la courte pente. Devant eux se dressaient les rochers et là, oui là, l'un d'entre eux était en surplomb !

« Oh ! Seigneur... (Il tira la jument à l'abri et poussa un grand soupir.) Merci, Seigneur, nous étions à bout de forces... »

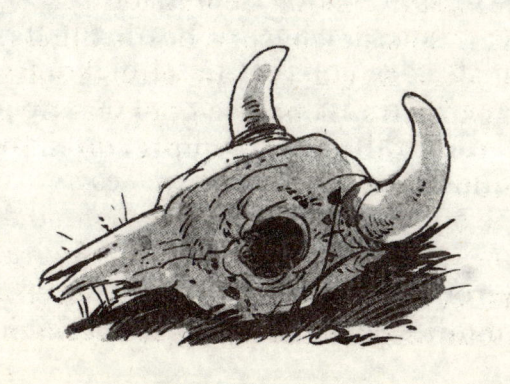

Chapitre 10

Un fusil, un cheval, un abri. Une fois de plus, le ciel leur était venu en aide.

Derrière la saillie rocheuse se trouvait une grotte assez profonde, et lorsque Roi David s'y enfonça à tâtons, il découvrit que d'autres avant lui y avaient trouvé refuge : des hommes aussi bien que des bêtes. Il trouva des débris d'os de lapins et d'oiseaux et quelques-uns, plus grands, qui semblaient être des os d'antilope ou de cerf. Il vit que le plafond de la paroi rocheuse était même noirci à un endroit : on avait allumé ici des feux. Des brindilles et des crottes séchées de bison, amenées là par quelqu'un, avaient été laissées sur place, et Roi David songea avec envie à un feu. Il fallait rester prudent, car même si ce feu ne risquait d'être visible que depuis l'ouverture de la grotte, l'odeur en serait emportée au loin par le vent.

Il tendit les bras vers Reine de Saba qui, morte de fatigue, se glissa en bas du cheval et se laissa tomber dans les bras de son frère. Roi David ploya sous le poids avant de la déposer à terre. Il conduisit ensuite la jument vers le fond de l'abri. A la vue des os, la jument baissa la tête pour s'ébrouer, mais elle était trop fatiguée pour s'agiter vraiment. Elle donnait des coups de pied avec mauvaise humeur ; le harnais qu'elle portait depuis si longtemps devait l'irriter et l'écorcher. Avant de le lui ôter pour faire sécher le cuir, Roi David voulait d'abord vérifier s'ils se trouvaient bien en sécurité ici.
— Assieds-toi là avec ta poupée, ordonna-t-il à Reine de Saba, en détachant le ballot et en le posant à côté du trou qui avait servi de foyer.

Reine de Saba s'écroula et devint une masse recroquevillée et humide, serrant un bout de bois noueux dans ses bras.
– Je vais attacher le cheval et explorer les lieux.

Roi David enleva la corde de l'attelle pour la fixer à la bride de Maggie, ne laissa filer qu'une courte longueur, et l'attacha aussi solidement qu'il put autour d'un rocher posé sur le sol de la grotte. Maggie poussa un bruyant soupir et souffla, faisant voler la poussière du sol, puis s'assoupit rapidement, l'un de ses postérieurs reposant sur son bord. Des gouttes de pluie dégoulinaient de son harnais et des longs poils de sa crinière et de sa queue.

Tenant le fusil à la main, Roi David revint vers l'entrée de la grotte. Il pleuvait toujours à verse, mais il voulait se faire une idée plus claire des alentours. Il jeta un coup d'œil derrière lui : Reine de Saba était toujours là où il l'avait fait asseoir, la tête penchée, apparemment très absorbée par sa poupée. Cela inspira à Roi David un petit élan de gratitude envers ce jouet qui occupait sa sœur et l'empêcherait peut-être de le harceler. Lorsque Reine de Saba mettait la main sur quelque chose, elle ne s'en séparait pas facilement. L'hiver dernier, elle s'était mise à hurler comme un putois en découvrant qu'une jolie stalactite de glace qu'elle avait apportée à la maison avait fondu à la chaleur du feu. Maman avait dû lui donner un sucre d'orge pour la faire taire...

Le fusil à la main, Roi David se faufila hors de la grotte entre les gros rochers qui en marquaient l'entrée. Il escalada la partie supérieure escarpée de la pente, se hissa par une fente du rebord rocheux, déboucha sur le sommet de la butte et découvrit qu'elle était plus longue qu'il ne croyait : elle mesurait environ cinq cents mètres. Depuis le sommet plat et couvert d'herbe, les flancs escarpés, constitués dans leur partie supérieure par un amas de rochers gris rougeâtre éboulés, s'abaissaient de tous côtés vers des terrains plats.

Aussi loin que son regard portait s'étendait ce même paysage accidenté. D'un côté, se dressait la masse confuse, bleu sombre, d'un massif montagneux. Roi David pensait que c'était à l'ouest. Avant l'orage, il s'était orienté par rapport au soleil, bien que cela fût à peine nécessaire tant qu'il pouvait suivre les traces des chariots. Il n'y avait rien d'autre à faire qu'à attendre. Son père aurait sans doute été capable de retrouver les traces sous la pluie battante. Roi David se mit à songer à lui avec une immense nostalgie. Combien il aimerait l'avoir à nouveau devant lui, voir son dos large et son visage basané et émacié, toujours sérieux et souvent soucieux, tourné d'un côté ou de l'autre et indiquant ainsi à Roi David la direction à prendre...

Tandis que la pluie cinglait son visage, il chercha longtemps à apercevoir l'horizon, mais ne distingua rien qu'une prairie ondulée avec parfois des reliefs semblables à celui sur lequel il se trouvait. Il n'y avait bien sûr aucun signe de présence humaine. Il fit demi-tour et retourna vers la grotte. En chemin il arracha autant d'herbe qu'il put en porter pour la jument. Il fallait la nourrir, lui ôter son harnais et la bouchonner.

Lorsque la jument, débarrassée de son harnais, fut occupée à mâchonner tranquillement son herbe, Roi David sortit pour faire le guet. Les gros rochers écroulés devant l'entrée de la grotte formaient un excellent abri, permettant à Roi David de voir dehors tout en restant caché à la vue des Indiens qui pourraient surgir. D'après les propos tenus par les gens du convoi, certains Indiens se montraient amicaux à l'égard des pionniers. Toutefois, si lui venait à les rencontrer, quel moyen avait-il de les distinguer de ceux qui seraient hostiles. Les Sioux Brûlé ne représentaient aucun danger pour les pionniers, disaient les uns, mais d'autres gens affirmaient le contraire. Et les Piegans, et les Pawnees ?...

Roi David s'affaissa derrière l'écran de rochers, ferma un moment les yeux et revit alors l'horreur de l'agression : les morts gisant là où ils étaient tombés, les chariots renversés et brûlés, les ustensiles domestiques écrasés et éparpillés. Une terrible haine pour les Indiens monta en lui : « Nous ne leur avions rien fait, nous voulions seulement quitter notre ferme du Missouri, qui ne produisait rien, pour aller tenter notre chance dans l'Oregon. Nous ne faisions que traverser leur pays... »

Leur pays... Leur pays...

Ces mots résonnaient dans la tête de Roi David tandis qu'il regardait la terre étrangère qui s'étendait devant lui, immense, vide et menaçante. C'était leur pays. Leur pays : celui des Sioux, des Arapahos, des Blackfeet, des Crows et des Cheyennes — tout comme le Missouri était notre pays, du moins tant que nous y vivions. Qu'aurions-nous fait si des étrangers étaient un beau jour arrivés dans le Missouri, tirant sur notre bétail pour manger, tout comme les pionniers tiraient sur les bisons ? Qu'aurions-nous fait s'ils avaient fait paître leurs chevaux sur nos prairies, s'ils nous avaient chassés hors de notre pays ? Nous aurions riposté aussi, pensa-t-il avec lassitude. Tout comme les Sioux...

« Oh ! Seigneur, je suis las ! Las du sang et des tueries, las de tous ces morts. Laisse-nous seulement traverser ce pays sans y laisser davantage de cadavres. Ni les leurs ni les nôtres... »

Mais comment... comment traverser cette immense étendue sauvage, se frayer un chemin parmi ces différentes tribus qui, non sans raison, les considéraient, Reine de Saba et lui, comme des ennemis ?

Si seulement, si seulement son père était ici. Si seulement il pouvait lui demander conseil. Papa savait toujours ce qu'il fallait faire. Papa savait tant de choses : sur les chevaux, les chariots, les gens, quand il fallait passer à l'action et se battre ou quand il fallait résister passivement pour être gagnant.

Roi David avait mal à la tête. Il pouvait presque sentir à nouveau l'odeur du sang du massacre. Sa blessure, dont la douleur s'était calmée, recommença à lui faire mal.

— Reine de Saba, dit-il soudain, je vais faire un feu, cuire du lard et préparer une bouillie chaude. (Reine de Saba le regarda l'air affamé.) Et si tu es sage, ajouta-t-il, je sortirai mon couteau et j'essaierai de tailler un peu ta poupée. Je crois que je peux l'améliorer. Et je vais déchirer cette bande qui dépasse de notre couverture pour faire une couverture à ta poupée.

Si Reine de Saba s'occupait de sa poupée, elle aurait moins de temps pour réclamer sa mère...

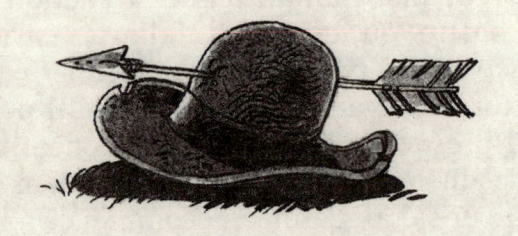

Chapitre 11

Ils dormirent lourdement cette nuit-là ; Roi David se réveilla plusieurs fois et écouta la pluie tomber à verse à l'entrée de la grotte et le vent siffler parmi les rochers éboulés. A la fin, le corps endolori par le sol dur, il resta éveillé et fixa l'obscurité.

Il n'avait qu'une pensée : les chariots. Tout le reste commençait à disparaître dans le flou. Atteindre ou non l'Oregon lui était devenu indifférent, l'Oregon, cette terre promise où coulait la Willamette, où les récoltes poussaient presque en une nuit, où les forêts abondaient en gibier et où les rivières regorgeaient de poissons. Peut-être plus tard, quand il aurait retrouvé ses parents, qu'il revivrait la sécurité qu'apportaient les chariots et les hommes armés, peut-être se soucierait-il à nouveau de l'Oregon. Pour le moment, il désirait seulement continuer, mettre un pied devant l'autre, laisser des traces qui relieraient un horizon à l'autre et couvrir la distance qui les séparait des chariots. Retrouver son père et sa mère, un vrai feu de camp, des repas chauds, pouvoir dormir, ne plus se sentir seul.

Les chariots devant lui transportaient sans doute des blessés, peut-être des mourants. D'après les indices que Roi David avaient relevés, les assaillants avaient harcelé les pionniers pendant plusieurs jours. Il estimait leur avance à quatre jours au moins maintenant. Ce qui représentait une distance de cent à cent trente kilomètres. Ils approchaient de Fort Laramie, à moins qu'ils n'y soient déjà, et Roi David était certain qu'une équipe de secours serait envoyée pour enterrer les morts et chercher les survivants. Si son père était encore en vie et capable de tenir sur un cheval, il serait parmi les sauveteurs.

L'incertitude sur l'orientation à prendre le tourmentait. Il espérait avoir suivi assez précisément la direction nord-ouest quand ils avançaient sous la pluie, et il avait pourtant perdu la trace des chariots. Mais une erreur légère suffisait pour vous égarer et vous entraîner à plusieurs kilomètres de la piste. Dès que la pluie cesserait, il ferait un grand cercle autour de la butte où ils campaient afin de croiser à nouveau les traces des chariots.

Les heures passaient lentement, le jour s'écoulait peu à peu et la pluie n'arrêtait pas.

Reine de Saba avait fabriqué un lit pour sa poupée. Sur une longue rangée de pierres, elle avait disposé quelques brins d'herbe, et la poupée, enroulée dans sa couverture, était allongée dessus.
— C'est Margaret Anne Beecham, annonça-t-elle à Roi David, et elle dort dans le chariot.

Reine de Saba arrangea la couverture, puis disparut derrière un rocher.

Roi David regardait dans le vide et ne la vit même pas revenir, contournant furtivement le rocher. Elle tenait à la main un bâton recourbé. Elle avança silencieusement, le bâton levé. Puis, avec un cri perçant, elle se précipita sur la poupée et la frappa violemment.

Roi David sortit de sa torpeur et sursauta d'effroi. Puis il se précipita et lui arracha le bâton des mains.
– Qu'est-ce qui te prend ? cria-t-il. A quoi tu joues ?... A être un Indien ?

Reine de Saba flanquait des coups furieux à la poupée.
– Je la déteste ! Je déteste Margaret Anne Beecham. C'est comme ça que font les Indiens... Je vais la scalper, la scalper...

Roi David remuait les tranches de lard déchiquetées dans la casserole, sur un feu minuscule qui donnait peu de chaleur. De temps en temps, il jetait un regard furieux sur Reine de Saba qui installait et réinstallait indéfiniment sa poupée, tournant à demi le dos à son frère et l'excluant ainsi de ses jeux féminins.

— Tu devrais avoir honte, grogna-t-il. Je t'aide à fabriquer une belle poupée pour que tu puisses jouer, et tu veux la scalper ? Tu devrais avoir honte. Tu n'es pas un Indien.

Repoussant en arrière ses cheveux emmêlés, Reine de Saba prit la poupée et la posa contre son épaule tout en fredonnant faux.
— Maintenant, c'est un bébé. C'est Joseph, le bébé de Ma'ame Farrier.
— Mais... le bébé de Ma'ame Farrier... est mort.

Roi David avait vu son père et les autres creuser le sol pierreux et fabriquer un minuscule cercueil. Et ils avaient été nombreux à regarder les chariots rouler sur la petite tombe pour la cacher à jamais aux loups et aux autres maraudeurs...
— Oui, dit Reine de Saba. Je vais l'enterrer dans une minute. Creuser une tombe et l'enterrer.

Roi David, dont la colère était tombée, frissonna. Il suggéra fermement :
— Pourquoi ne berces-tu pas ce bébé ? Donne-lui donc de la bouillie chaude et berce-le pour qu'il s'endorme.

— Non. Ce bébé est mort.
Reine de Saba prit un morceau de bois et creusa obstinément un trou dans lequel elle fourra la poupée. Puis elle gratta la terre et l'entassa sur la poupée pour faire une tombe.

– Il s'appelle Joseph et il est mort !

L'interminable après-midi s'écoula, le soir tomba. Seul le bruit du vent et de la pluie marquait les heures. Roi David, silencieux, le fusil à la main, faisait le guet. Il avait fait boire la jument dans une mare qui recueillait la pluie tombant du rocher et avait arraché à nouveau sa ration d'herbe. Il avait rempli les bidons d'eau de pluie et confectionné une mixture fade et grasse avec de la farine de maïs, de l'eau et la graisse de lard. Ils avaient beaucoup mangé et Roi David se sentait un peu réconforté.

Avant qu'il ne fasse complètement nuit il avait débarrassé un endroit plat du sol de la grotte de tous les cailloux qui l'encombraient et il avait étalé dessus la couverture. Ce soir, Reine de Saba s'était glissée dedans sans protester. Elle était allongée sur le dos, ronflant un peu. La poupée, qu'elle avait déterrée, dormait à côté d'elle. Elle avait prévenu Roi David : demain, la poupée serait un Indien et les soldats viendraient le tuer...

Chapitre 12

La pluie cessa juste avant l'aube. Roi David, qui dormait d'un sommeil léger, entendit le martèlement de la pluie diminuer puis finalement mourir, mais il attendit encore un peu avant d'émerger de sous la couverture. Dans le fond obscur de la grotte, Maggie dormait debout, la tête basse. Les pièces de son harnais s'étaient éparpillées sur les rochers et les boules d'argent des attelles scintillaient dans la pénombre.

Une lumière grise et pâle filtrait en dessous de la saillie rocheuse lorsque Roi

David s'écarta précautionneusement de Reine de Saba et vint se poster à l'entrée de la grotte. Il faisait encore sombre mais l'orage s'était éloigné. De grandes trouées nacrées apparaissaient parmi les nuages et le vent s'apaisait. Une brise intermittente apportait une lourde senteur de terre humide et de sauge. Une sturnelle commençait à chanter.

Roi David était transi dans ses vêtements encore humides et il aurait bien voulu s'emmitoufler dans la couverture, comme Reine de Saba. Une fois encore, il fut pris d'amertume et de colère contre le coup du sort qui lui avait laissé le soin de veiller sur sa sœur.

A contrecœur, Roi David laissa donc Reine de Saba dormir, se hissa prudemment par-dessus le rebord rocheux et, sur la butte, s'affaira pendant une demi-heure à récolter de l'herbe pour la jument qui semblait n'être jamais rassasiée. Elle dévorait avidement ce qu'il lui apportait puis regardait autour d'elle, comme pour en réclamer encore. D'ailleurs, elle était décharnée. Des céréales lui auraient été nécessaires, même si ce que Roi David et Reine de Saba exigeaient d'elle n'était pas un travail très dur. Ils avaient monté Maggie à tour de rôle, Reine de Saba surtout, et Roi David seulement lorsque ses jambes ne le portaient plus. Reine de Saba montait la jument tout en maugréant contre l'inconfort que représentait le harnais de ce cheval de trait lourd, au dos large. Roi David refusait de débarrasser la jument capricieuse de son harnais, grâce auquel il la contrôlait bien.

Quelle drôle d'allure était la leur à voyager ainsi tout seuls à travers la prairie, menant un cheval complètement harnaché, y compris les œillères, sans charrette ni chariot accrochés à ses traits !

Roi David alluma du feu, fit cuire leurs derniers morceaux de lard et bouillir un peu d'eau avec de la farine de maïs. Il éteignit le feu le plus vite possible et dissipa la fumée. Il jugeait inutile de prendre davantage de risques.

Reine de Saba se réveilla, affamée mais de mauvaise humeur, et refusa de manger.

— Je veux un biscuit chaud, dit-elle, avec du beurre dessus et du miel... Je veux Maman.

Roi David réprima son agacement. Il essayait de réfléchir et les jérémiades de Reine de Saba l'irritaient tellement qu'il en avait parfois mal à la tête. Il devait se concentrer, et prendre une décision. Dans la situation où il se trouvait, les erreurs ne pardonnaient pas et les secondes chances n'existaient pas.

S'ils restaient dans la grotte, où ils trouvaient une sorte de sécurité, ils avaient une chance d'être recueillis par une équipe de secours revenue chercher les survivants ou par un autre convoi. Roi David et les siens n'étaient pas les seuls à avoir entrepris ce voyage, cet été-là, peut-être des voyageurs étaient-ils partis quelques jours après eux. Cependant, s'ils avaient emprunté la piste principale, celle de la rivière North Platte, Roi David et Reine de Saba ne les apercevraient même pas.

Leurs provisions diminuaient : ils pouvaient tenir trois ou quatre jours, pas plus. Roi David pouvait tuer des lapins, mais il avait peu de munitions. Quant aux antilopes, elles restaient hors de portée de son fusil.

Et si c'étaient des Indiens qui les découvraient ? Étaient-ils nombreux dans cette région ? Tout indiquait que la grotte était une étape connue des tribus qui se déplaçaient sur ces territoires. Elle avait abrité beaucoup de voyageurs avant eux.

Roi David n'avait qu'une seule autre possibilité : se mettre en route, chercher les traces du convoi et tenter une dernière fois de rattraper ses parents ou d'atteindre Fort Laramie. Il ne se faisait guère d'illusions sur leurs chances de réussite. Ils avaient tous deux le ventre creux. De la farine et de l'eau avec un peu de lard, ce n'est guère fortifiant. Reine de Saba, elle, qui n'avait jamais été robuste — c'était d'ailleurs la raison pour laquelle Maman la choyait tant —, avait beaucoup changé. Même la promesse de retrouver Maman ne l'encourageait plus. Il n'était pas exclu qu'elle se jette brusquement par terre et refuse de faire un pas de plus. Roi David serait-il assez vigoureux pour la sauver malgré elle ?

Les derniers nuages de fumée du petit feu se dispersant dans la brise et le soleil apparaissant derrière les nuages déchiquetés emportèrent la décision de Roi David : ils devaient continuer. La chance d'être sauvés en attendant dans la grotte était trop mince. Non, il leur fallait poursuivre, essayer d'atteindre le fort ou les chariots avant que leurs dernières réserves de nourriture et de munitions, et que leurs dernières forces soient épuisées.

Roi David obligea Reine de Saba à avaler quelques bouchées de bouillie pâteuse ; lui, mangea ce qu'elle laissa. Il harnacha Maggie et la fit sortir en passant sous le surplomb rocheux. Il souleva Reine de Saba par le derrière pour l'installer sur le large dos de la jument. Avec quelques regrets, il regarda encore une fois par-dessus son épaule l'abri qu'offrait la grotte puis conduisit Maggie en bas de la pente, dans ce qu'il pensait être la bonne direction.

En fin de matinée, ils n'avaient fait

que neuf ou dix kilomètres. Quand le ciel s'était dégagé, Roi David avait pu s'orienter avec le soleil et avait pris la direction du nord-ouest, celle des chariots.

Par ailleurs, avant de se mettre en route, il avait décidé de parcourir un demi-cercle pour essayer de croiser les traces de chariots. Plus ils allaient vers l'ouest et plus le paysage devenait accidenté, s'élevant lentement vers les régions plus élevées qui flanquaient les hautes chaînes des montagnes Rocheuses. La pluie avait cessé, le sol humide sécherait rapidement et les traces des chariots seraient encore repérables.

Reine de Saba, bringuebalée au rythme du cheval, ne disait rien. Son visage crispé et son silence rendaient Roi David nerveux.
– Regarde là-bas, Reine de Saba, une antilope, dit-il pour essayer de la sortir de son apathie. Sûr que j'aimerais en tuer une. Alors, on pourrait bien manger.
– J'ai faim, dit l'enfant avec indifférence.

— Je sais. Lorsque nous rattraperons les chariots, tu mangeras des bonnes choses : des biscuits et du miel, peut-être... ou des haricots...
— J'ai mal aux jambes.

Il fit halte pour regarder et ce qu'il vit le consterna : le frottement du harnais avait irrité et écorché la peau de ses deux jambes maigres. Voilà pourquoi elle se plaignait tant !
— Très bien, dit-il en la soulevant pour la faire descendre, je vais te laisser marcher pendant un moment. Veux-tu une pomme ? Il nous en reste quelques-unes.

Reine de Saba accepta la pomme avec avidité et se mit à marcher d'un pas traînant. Roi David lui avait noué sous le menton les cordons de sa capeline pour protéger son visage du soleil et lui éviter la fatigue de la chaleur. Il remarqua que ses chaussures commençaient à être fatiguées, elles aussi : les bouts en étaient éraflés et un bouton manquait à la chaussure gauche.

Roi David mangea une pomme, lui aussi, et monta sur le cheval. Maggie s'ébroua et leva un pied, s'apprêtant à ruer, mais dès qu'il fut à califourchon, elle reprit son pas lourd et habituel.

Le paysage se fit plus accidenté, avec des séries de coteaux rocheux, de petites dépressions et un lit de rivière asséché. Une fois, il descendit de cheval et laissa Reine de Saba tenir la jument par la longe juste derrière la crête d'une colline afin d'aller en éclaireur sans exposer au danger sa sœur et Maggie.
Le chapeau de Luke Skinner était tellement grand que Roi David devait pencher la tête très en arrière pour regarder par-dessous.
– Pourquoi tu gardes ce chapeau? demanda Reine de Saba. Tu as l'air ridicule.
– J' peux pas l'enlever. Imagine qu'une mère faucon passe par ici. Si elle regarde vers le bas et aperçoit le trou dans ma tête, elle peut penser que c'est un trou dans un arbre creux et décider de faire son nid dedans. Et de quoi j'aurais l'air avec des oisillons en train d'éclore dans ma tête?

Reine de Saba le toisa du regard en silence.

– Allez, viens, dit-il d'un ton catégorique. Ne traînons pas. Je vais monter le cheval, tu peux marcher si tu préfères, mais tu restes tout près de moi, compris ?

Ce fut en milieu d'après-midi que les yeux de Roi David, à nouveau brouillés par la fatigue, distinguèrent de légères traces sur une colline herbeuse. Il se précipita avec impatience, poussant la jument. Oui, il y avait une autre trace plus loin. Des traces de roues, c'étaient sans aucun doute des traces de chariots ! Il arrêta brusquement la jument et glissa par terre pour examiner de plus près l'herbe aplatie.
– Ce sont leurs traces ! cria-t-il, tout excité, par-dessus son épaule, à Reine de Saba. Nous avons réussi ! Nous n'avons plus maintenant qu'à suivre leurs traces !

A nouveau rempli d'espoir et d'énergie, il remonta sur la jument et la talonna avec vigueur pour la faire avancer le plus vite possible.
– Allez... marche le plus vite que tu peux. Voyons jusqu'où on peut aller avant que la nuit tombe...

Sa tête bourdonnait à nouveau, mais Roi David continuait. La vue des empreintes l'avait empli d'optimisme. Il croyait à nouveau qu'ils allaient s'en sortir : oui, ils allaient s'en sortir.

Il ne savait pas depuis combien de temps ils marchaient dans les traces des chariots lorsque, soudain, les rayons rasants du soleil lui firent lever les yeux. La jument fatiguée s'arrêta lourdement, baissa la tête, s'ébroua en faisant voler la poussière du sol et saisit une bouchée d'herbe qui poussait chichement parmi les figuiers de Barbarie aux fleurs rouge

et jaune. Ils venaient de traverser une petite élévation et descendaient vers une dépression où poussaient de hautes touffes de sauge.
— Je crois qu'on va trouver abri dans ces grands buissons là-bas, dit Roi David en glissant à bas de la jument. Il va faire bientôt nuit, il faut manger et dormir un peu. T'es fatiguée, Reine de Saba ?

Il s'attendait à une réponse chagrine de l'enfant mais, derrière le cheval, dans l'étendue déserte couverte d'herbe et de sauges rabougries, parsemée ici et là de trous où les bisons venaient se vautrer, hormis les traces du cheval, il ne voyait rien.

Reine de Saba avait disparu.

Chapitre 13

Roi David regardait, atterré, le cheval, l'immense étendue déserte et le ciel enflammé par le soleil couchant.
— Reine de Saba ! cria-t-il. Où es-tu ? Eh ! Réponds-moi... Reine de Saba...

Il saisit la longe de la jument, la fit virevolter brusquement et grimpa sur son dos. Il lui fouetta les flancs avec le bout de la longe. S'ébrouant et ruant, Maggie fit un brusque mouvement en avant pour le jeter par terre, mais il tint bon le harnais.

Il frappa à nouveau la jument plusieurs fois, et finalement elle baissa la tête et repartit au trot. Roi David fouillait du regard les flancs de chaque colline, scrutait les dépressions et la ligne de l'horizon à la recherche de l'enfant. Ses yeux ne rencontraient que des terres désolées et sèches, des cactus, des herbes, des touffes de sauge, des rochers.

Il avait peut-être parcouru près de deux kilomètres, lorsque la jument, suant et hors d'haleine, regimba de nouveau. Roi David glissa à bas de sa monture et la fit avancer plus doucement, cherchant des traces dans le sol. Reine de Saba ne pesait pas bien lourd et n'imprimerait que des traces peu profondes. Roi David examinait les endroits où la terre était dénudée : là seulement les bottines avaient pu laisser leurs empreintes.

Le soleil se couchait et pourtant Roi David continuait, maudissant Reine de Saba pour son entêtement et pour son inconscience, se maudissant lui-même pour sa stupidité et sa négligence.

« Comment ai-je pu oublier Reine de Saba ? Papa... Papa l'aurait surveillée, lui, il ne l'aurait jamais laissée s'échapper. Papa... Oh, mon Dieu, pourquoi ne suis-je pas capable d'agir comme mon père aurait agi ? »

Ses jambes se mirent à trembler, et Roi David s'arrêta un moment. Devant lui s'étendait un paysage désert qui s'obscurcissait rapidement, car le soleil tombait derrière l'horizon et des ombres gris-bleu envahissaient les pentes et les creux. Il devenait impossible de repérer des empreintes dans le sol poussiéreux. Roi David avait retrouvé celles des sabots de Maggie : Reine de Saba avait-elle tout simplement perdu la tête, s'était-elle jetée par terre et la retrouverait-il sur leurs propres traces. S'en était-elle écartée, pour se cacher de lui, chercher des fleurs sauvages ou suivre un bel oiseau ?

Dans l'ombre croissante, l'ineptie de la situation lui venait peu à peu à l'esprit. Le pays était aussi immense, aussi vide que la lune elle-même et Reine de Saba était si petite ! Si elle avait décidé de se cacher parce qu'elle en avait assez de marcher ou d'aller à cheval, ou si, simplement, elle s'était allongée pour dormir, il pouvait passer à quelques mètres d'elle sans la voir. Avec la nuit qui venait...

Roi David fit halte et Maggie s'arrêta pesamment. Il se tourna et s'appuya contre le cheval, le visage contre sa douce encolure satinée. Cela ne servait à rien de continuer. Il n'y avait rien d'autre à faire que de passer la nuit ici même. En se déplaçant dans l'obscurité, il courait le risque de perdre les traces, et il lui restait assez de bon sens pour ménager ses forces et ne pas les gâcher en errant sans but à travers la prairie.

Il noua la longe de la jument autour de sa cheville et s'enroula dans la couverture. Il vérifia son fusil : il était chargé, et il s'allongea, les deux mains serrées autour de son arme. Quand il s'assoupit, brisé de fatigue, il revit les visages de sa mère et de son père et il se vit lui-même en train d'essayer de leur expliquer comment il avait perdu Reine de Saba.

Quand il se réveilla, il faisait très froid. Les premiers rayons du soleil donnaient une couleur cuivrée aux immenses étendues de sable et d'herbes fines sous le ciel d'un bleu pâle, et une sturnelle qui volait à une faible hauteur lança un trille qui retentit à ses oreilles. Roi David était en train de rêver et, pendant quelques secondes encore, il se crut revenu dans son lit, dans le grenier de la vieille cabane du Missouri, avec sa mère en bas qui préparait une bouillie chaude pour le petit déjeuner et son père qui l'appelait pour qu'il aille traire les vaches, nourrir les veaux et sarcler les mauvaises herbes qui menaçaient le carré de maïs.

Oui... aussi loin qu'il pouvait se souvenir, Papa avait été là, lui indiquant ce qu'il fallait faire, lui donnant la responsabilité d'une chose ou d'une autre. Roi David avait grandi avec la grande ombre de son père masquant le soleil et le ciel ; parfois, il avait eu envie de s'écarter de cette ombre et de découvrir s'il avait lui-même une ombre...

Quand il ouvrit les yeux, le rêve et l'ombre avaient disparu et il ne vit que la terre grise sous lui, un massif de cactus un mètre plus loin et au-delà... la prairie vide. Une vague de désespoir l'envahit et il referma les yeux, plissant fortement les paupières. Il aurait mieux valu rester dans le Missouri. Là au moins il y aurait eu des gens à qui parler, à qui demander conseil...

Une secousse vive et douloureuse à la cheville l'obligea à ouvrir les yeux et à regarder. Quelqu'un lui disait ce qu'il fallait faire : la jument exigeait à manger et à boire. Roi David se demanda avec découragement s'il aurait assez de forces pour se mettre debout et chercher une petite ravine où stagnerait encore de l'eau tombée pendant l'orage.

La jument piaffait. Roi David se leva lentement et péniblement. D'une main maladroite, il refit son ballot et l'attacha sur le dos de Maggie. Il avala à contre-cœur quelques bouchées de farine et but une gorgée d'eau au bidon. Devant eux, s'étendait un carré d'herbe sèche où il mena Maggie. Il s'assit sur le sol et la regarda paître.

Il s'écoula un long moment avant que la jument paraisse rassasiée et que Roi David puisse tirer la longe d'un coup sec et repartir. Maggie mâchonnait encore quelques brins d'herbe.

De minute en minute, le désespoir de Roi David grandissait. Tout au long de cette épreuve, jusqu'au moment où Reine de Saba avait disparu, il avait au moins eu le sentiment qu'ils avançaient, que s'ils continuaient à mettre un pied devant l'autre, ils finiraient tôt ou tard par rattraper les chariots ou atteindre le fort.

Mais à présent, il avait fait demi-tour et il retournait sur ses pas, vers le danger, la faim, l'épuisement, la mort. Tous ses efforts se trouvaient d'un seul coup anéantis par Reine de Saba. Pourquoi ? Oh ! pourquoi n'avait-elle pas crié, braillé et menacé de dire à Maman qu'il était méchant ? Pourquoi s'était-elle tue cette fois-ci ? L'ombre de son père se dressa à nouveau devant lui. Papa n'aurait jamais ainsi tourné le dos à Reine de Saba. Il aurait compris qu'elle ne pouvait pas suivre... et comme il le faisait toujours, il aurait agi en faveur de la plus faible...

Vers midi, alors que le soleil brûlant tapait sur ses épaules et que sa vue se troublait à force de scruter les lointains de la prairie, Roi David arrêta la jument. Il voulut s'asseoir dans son ombre et se reposer un peu, mais elle était d'humeur maussade et menaçait de donner des coups de sabots et de mordre. A la fin, il se laissa tomber là où il était, sous le soleil brûlant, et reposa sa tête sur ses bras.

Dans l'obscurité de ses paupières fermées, il se mit à imaginer son père et sa mère, l'attelage et le chariot, le convoi arrêté pour la halte de midi ou les chariots rangés en cercle le soir. Le troupeau de bovins et de chevaux de réserve. Les feux de camp et les marmites. Et le fort, quelque part plus loin sur la piste, le fort avec sa nourriture, son eau, ses murs, ses soldats. Sa sécurité.

Pourquoi est-ce que je fais cela ? Sans qu'il l'ait formulée, cette pensée s'insinua dans son esprit fatigué. Elle est partie. Pour je ne sais quelle raison, Reine de Saba est partie. Je ne la retrouverai jamais. Je vais seulement me tuer à la chercher. Dieu tout-puissant, veux-tu que je meure aussi ? J'ai essayé de la sauver. Ce n'est pas facile de prendre soin d'elle, mais j'ai essayé autant que j'ai pu. Ce n'est pas ma faute...

Il avait dû s'endormir, car il fut surpris de se retrouver allongé sur le sol. Des brins d'herbe rêche piquaient sa joue. Il s'assit avec raideur et frotta son bras gauche sur lequel il était couché, pour en chasser l'engourdissement. La jument dormait debout, remuant sa queue pour chasser les insectes. Une brise légère soufflait, qui ne transportait que l'odeur d'herbe sèche et de sol pierreux. Aucun bruit ne troublait le silence, si ce n'étaient le bourdonnement des insectes dans l'air chaud et le cri d'un faucon tournoyant très haut dans le ciel vide.

Roi David se mit debout avec difficulté. Il se sentait affaibli par la faim ; sa tête bourdonnait et ses jambes le portaient à peine. Un son chantant retentit à ses oreilles.
– Maggie !

Il sursauta au son de sa propre voix. Il regarda autour de lui, comme s'il s'attendait à voir venir quelqu'un, mais les pentes des collines basses, tout comme les étendues les plus éloignées demeuraient désertes, accablées de soleil, et muettes.
– Allez, Maggie, dit Roi David en pre-

nant une profonde respiration. Je ne peux pas retourner plus loin. Reine de Saba est perdue. Ce n'est pas ma faute. Papa... il faut que je lui fasse comprendre cela. Ce n'est pas ma faute. Je continue... pour rejoindre les chariots. Je trouverai bien quelque chose à leur dire, à Papa et à Maman. Ils ne sont pas ici. Ils ne sauront jamais, personne ne saura jamais que j'ai cessé de la chercher.

Chapitre 14

Comme il s'y attendait, Maggie avança beaucoup mieux dès qu'ils eurent fait demi-tour. Son harnais cliquetait doucement et son allure retrouva de l'entrain. Son instinct lui disait qu'ils avaient repris la route vers la sécurité, la nourriture, l'eau et la compagnie d'autres chevaux et d'autres hommes.

Tout en marchant devant le cheval, Roi David se força à manger. Il eut du mal à avaler son maïs sans rien boire. Il restait juste un peu d'eau dans l'un des bidons et l'autre était vide. La veille, il espérait atteindre une série de collines basses qui affleuraient au nord-ouest, où ils trouveraient des sources. Sa provision d'eau était presque épuisée et, sans eau, il mourrait bientôt...

Dans l'après-midi, un vent pénible se leva, soulevant des tourbillons et des nuages de poussière qui l'aveuglaient et le faisaient trébucher sur des massifs de figuiers de Barbarie aux épines acérées. Une ou deux fois, il s'écarta de la piste et seule sa mémoire lui permit de reconnaître tel rocher ou telle touffe d'herbe et de se remettre sur le bon chemin.

En plus de la faim qui lui tenaillait le ventre, la soif qui desséchait sa bouche, la rendant sèche autant que la poussière à ses pieds, Roi David endurait une autre torture encore. Elle le harcelait, tel un démon, et l'accablait davantage à chaque pas. « Comment faire comprendre à Papa et Maman ? Ils ne sont pas ici, seuls, en proie à la peur des Indiens, la peur de mourir de faim. Il faut que je leur fasse comprendre que ce n'est pas ma faute. J'ai fait de mon mieux... »

L'après-midi touchait à sa fin et le

soleil descendait lentement dans un ciel rougeoyant et sans nuage lorsque quelque chose surgit au fin fond de la mémoire de Roi David. Sans qu'il sût pourquoi, des images se présentèrent à son esprit : Reine de Saba lorsqu'ils étaient près du ruisseau, Reine de Saba jouant dans l'eau, Reine de Saba faisant des pâtés de boue, Reine de Saba pataugeant, ses chaussures à la main. A son avis, Reine de Saba n'aimait que deux choses au monde : Maman et jouer dans l'eau. Sa mère avait l'habitude de préparer pour Reine de Saba une grande bassine d'eau, et la petite fille jouait autour pendant tout l'après-midi, heureuse comme un caneton. Oui, l'eau attirait Reine de Saba, tel un aimant. Son père disait en riant qu'elle savait détecter l'eau mieux qu'un sourcier et que s'il y avait de l'eau dans le coin, on était sûr de la trouver là. Oui, Papa disait souvent cela...

Roi David s'arrêta et contempla la terre dure et sèche sous ses pieds. Maggie souffla bruyamment sur la poussière en donnant des coups de sabot. Elle avait faim et soif, elle aussi était restée toute la journée sans boire.

Roi David sentait remuer ses pensées. Une ombre, un rêve, un souvenir ?... Papa, y a-t-il quelque chose qui m'échappe ?

Et sans trop mesurer ce qu'il faisait, sans plan précis et sans même bien regarder le paysage vide qui l'entourait de toutes parts, Roi David fit faire demi-tour à Maggie. Ils retournaient de nouveau sur leurs pas. Il y avait sûrement quelque chose là-bas, quelque chose qu'il n'avait pas vu la première fois.

Une heure passa et, la nuit venant, il se mit à oublier ses pensées, le temps et même leur passage sur cette étendue désolée et pierreuse. A présent, il s'efforçait de chercher quelque chose de différent, il s'efforçait de scruter chaque accident de terrain, à l'affût de la plus petite trace de verdure. Une touffe d'herbe, un faisceau de feuilles. Quoi que ce soit.

Il trouva ce qu'il cherchait là-bas, vers la droite, tellement infime et lointain qu'il comprit pourquoi il ne l'avait pas aperçu auparavant. A peine visible au-delà de la crête d'un long coteau, s'étendait une fine ligne verte. Des arbres ?

Il fit tourner vivement Maggie et se dirigea vers cette ligne. Maggie rua et se traîna, mais il l'obligea à avancer. Il n'arrivait pas à comprendre comment il n'avait pas remarqué la présence de l'eau dans les environs alors qu'ils en avaient tant besoin.

Quand ils franchirent le haut de la petite colline, un cri silencieux emplit sa poitrine. Devant lui s'étendait un étroit espace de verdure. Un peu d'herbe, quelques saules, deux ou trois petites mares. De l'eau. C'était une source nourrie par les orages récents, toute petite mais combien précieuse !

Maggie se mit à trotter en trébuchant puis à galoper. Même s'il l'avait voulu, il n'aurait pas pu l'arrêter. Mais il savait qu'il la rattraperait en arrivant à la source.

Le cheval se précipita en bas de la pente, en faisant glisser et rouler de petites pierres sous ses sabots, et plongea sa bouche dans l'un des minuscules réservoirs d'eau. Elle releva la tête lorsque la mare fut à sec.

Roi David se jeta par terre et ne s'arrêta de boire que lorsqu'il eut l'impression d'éclater ou presque. Puis il retourna chercher un bidon et parvint à le remplir avant que Maggie ait eu le temps de le repousser pour avaler la seconde mare. Lorsqu'elle eut bu tout son contenu, elle releva la tête en faisant claquer ses lèvres et chercha autour d'elle. Dans le fond de la ravine, à côté de saules rabougris, poussait un tapis d'herbe verte, vers lequel elle se dirigea immédiatement pour paître.

Roi David, lui aussi, repéra un endroit au sol lisse pour y poser son ballot et pour se reposer et dormir. Il essaya d'apprécier s'il était plus important d'avoir découvert une pâture pour le cheval et de l'eau pour eux deux, ou d'avoir perdu beaucoup de temps à rechercher Reine de Saba. Mais il était exténué, et cela ne servait à rien d'y réfléchir davantage... Dormir. Il avait besoin de dormir.

Il faisait très sombre à présent et de magnifiques étoiles d'un blanc éclatant surgissaient dans le ciel noir. Le vent nocturne soupirait doucement parmi les saules et une chouette passa au-dessus de lui dans un léger froissement d'ailes. Roi David attacha Maggie à un saule vigoureux, déroula la couverture et vérifia à nouveau le fusil.

Avant qu'il ne fasse complètement noir, Roi David décida de marcher un peu pour voir où menait l'eau affleurant en surface. Il espérait découvrir d'autres mares pour faire boire la jument le lendemain matin et remplir le second bidon.

Il avançait prudemment de rocher en rocher, ne distinguant pour ainsi dire rien. Une tache claire, devant lui, était probablement un bouquet de tournesols et plus loin, là-bas, ce devait être une pierre blanche.

Son pied se posa sur quelque chose de plus doux qu'un rocher, ferme, mais plus doux. Il s'arrêta et recula d'un pas. Intrigué, il se pencha, tâtonna autour de lui et ramassa l'objet sur lequel il avait marché.

Il n'eut pas besoin de voir pour savoir ce qu'il tenait dans la main.

Une chaussure.

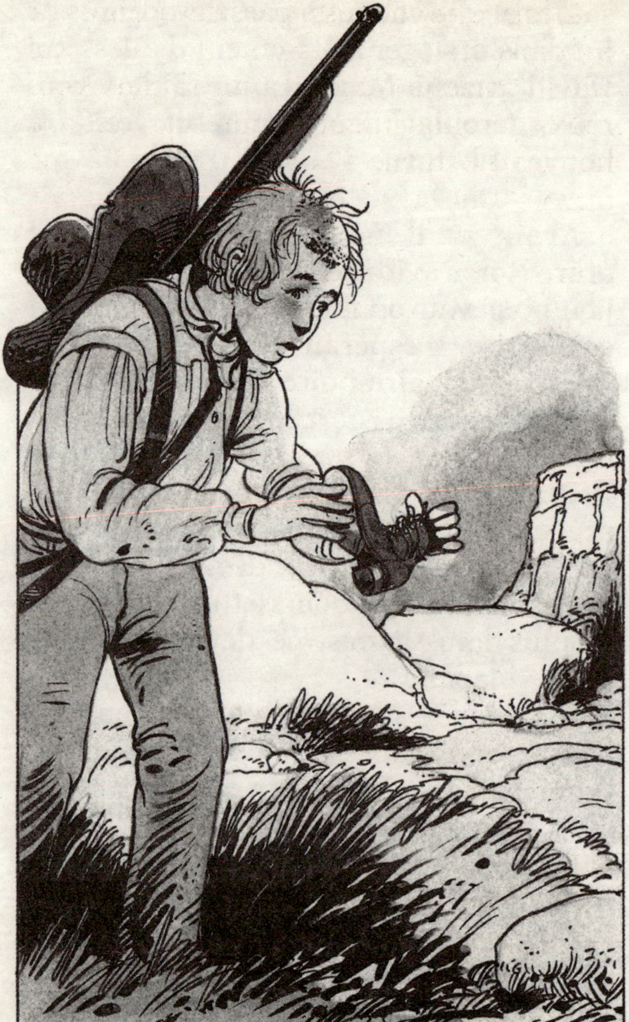

L'une des chaussures de Reine de Saba.

Et l'autre se trouvait un peu plus loin.

Roi David demeura immobile, sentant le vent nocturne l'envelopper. « J'avais raison. Elle a vu les arbres, elle savait qu'il y avait de l'eau là où il y avait des arbres verts. » Reine de Saba avait quitté la piste, avait cessé de le suivre et de suivre Maggie, et avait obliqué pour venir ici et trouver de l'eau. « Elle est ici ou, du moins, est passée ici. Peut-être n'est-elle pas très loin... »

— Reine de Saba ! Reine de Saba ! Où es-tu ? Réponds-moi. Reine de Saba !

Il cria et cria de nouveau.

– Reine de Saba ! Où es-tu ? Réponds-moi. Reine de Saba !

Mais le son de sa voix semblait être avalé par l'obscurité et s'éteignait. Il ne recevait aucune réponse, aucune voix de petite fille pleurnicheuse et maussade ne lui répondait dans l'immense nuit noire. L'appeler ne servait à rien. Elle se trouvait sans doute hors de portée de voix. Peut-être était-elle endormie. Oui, elle devait probablement dormir à l'heure qu'il était. Elle dormirait probablement jusqu'au lever du soleil. Et quand le jour viendrait, lui, Roi David, serait debout, reposé, prêt à continuer...

Portant une bottine dans chaque main, il retourna vers son campement. Et pour la première fois de sa vie, il remercia le ciel que Reine de Saba détestât les chaussures, les enlevât dès qu'elle pouvait, et les laissât tomber là où elle se trouvait...

Chapitre 15

Jamais la nuit ne lui avait semblé aussi interminable. Roi David ne dormit pas ; il s'assoupissait et se réveillait en sursaut au moindre son, au souffle du vent, au martèlement des sabots de Maggie, au cri d'un coyote. Dans son cerveau en effervescence, les idées sautaient et bondissaient en tous sens, telles des puces.

De nombreuses questions le tourmentaient. Reine de Saba était-elle toujours vivante ? La retrouverait-il ? Et, s'il la retrouvait, auraient-ils assez de nourriture et de forces pour refaire tout le chemin, rattraper la piste, continuer peut-être jusqu'à Fort Laramie ? Ils avaient perdu beaucoup de temps, un temps infiniment précieux et limité...

Il était réveillé bien avant l'aube. Maggie paissait à son aise et il se leva pour voir si les petites mares s'étaient à nouveau remplies d'eau. Elles avaient monté de quelques centimètres. Ce n'était pas suffisant pour remplir les bidons, mais assez pour que le cheval et lui puissent se désaltérer. Un peu plus loin, en amont de la ravine, peut-être trouveraient-ils plus d'eau ?

Avant même qu'il fît jour, il détacha la jument, la conduisit vers la source, but, et la laissa boire. Sa provision de farine de maïs était presque épuisée et Roi David décida de ne pas manger.

Dans la première lueur du jour, il avait examiné les chaussures. Il les reconnaissait bien, avec leur bout éraflé, leurs semelles usées et un bouton manquant au pied gauche. Il plaça les bottines à l'intérieur de sa chemise, tel un talisman, et conduisit Maggie plus loin dans la ravine.

Le soleil se leva et l'air commença à perdre sa fraîcheur matinale. Il découvrit certains endroits où les mares étaient à sec. Plus un brin d'herbe et pas le moindre saule n'y poussait. Au détour d'un méandre de la ravine, il trouva au contraire un filet d'eau et un petit coin d'ombre dans un épais massif de saules. Il parvint à puiser un peu d'eau pour remplir ses bidons.

Mais, plus il s'enfonçait dans la ravine, plus il s'éloignait de la piste des chariots. Combien de temps devait-il continuer ainsi ? Combien de temps encore devait-il poursuivre ses recherches ?

Une heure s'était écoulée et le soleil était chaud lorsqu'il conduisit Maggie dans un méandre accusé. Devant lui, la ravine semblait s'élargir et un massif de saules poussait là, vert et tentant. Il tira d'un coup sec sur la longe de Maggie et trébucha autour d'un affleurement rocheux.

Alors, il l'aperçut.

Chapitre 16

Reine de Saba se tenait accroupie au-dessus d'une mare minuscule, les pieds posés sur le sol boueux, le corps penché en avant. Elle fixait du regard le filet d'eau. Sa capeline pendait dans son dos et le soleil avait congestionné son visage. Elle s'appuyait sur une main et, de l'autre, tapotait la boue avec nonchalance, occupée à fabriquer des pâtés.

Roi David aspira profondément, prêt à crier son nom, mais, soudain, retint son souffle.

De l'autre côté de la mare, se trouvait un petit Indien, presque nu, avec des cheveux noirs comme du jais lui tombant dans le dos. Sa peau était d'un brun cuivré et son visage large. Accroupi lui aussi, tel un petit animal, aussi silencieux qu'une pierre, il observait Reine de Saba.

« Va la chercher ! criait silencieusement une voix dans le cerveau de Roi David. Va la chercher et pars d'ici, le plus vite possible ! »

Lorsqu'il avança, une forme surgit des saules.

C'était une femme indienne portant un panier dans une main et, dans l'autre, un couteau. Elle avait dû aller récolter des racines.

L'Indienne comprit la situation beaucoup plus rapidement que lui et le sentit, lui, Roi David, debout à une quinzaine de mètres d'elle, épuisé, chancelant. Elle vit son fusil, le canon pointé vers le sol.

Elle laissa tomber son panier sur le sol, s'avança, saisit Reine de Saba par le bras et la mit debout. Reine de Saba leva la tête, effarée, et un petit cri résonna à travers le marécage.

L'Indienne fixa Roi David avec un air

plein de défi. Il pouvait lire clairement ses pensées : « Voler cette enfant aux cheveux dorés, je vais la voler ! »

Roi David leva son fusil et l'amorça d'une main maladroite. Il se jura de ne plus jamais laisser Reine de Saba disparaître de sa vue.

La femme indienne ne manquait pas de courage. Quand il leva le fusil et le braqua sur le plastron de sa robe en peau frangée et ornée de perles, elle demeura impassible et le fixa de ses yeux noirs et brillants qui surmontaient des pommettes vermillon. Lentement, elle leva son couteau vers la gorge de Reine de Saba.

Sans un bruit et sans hâte, Roi David fit pivoter son fusil. L'enfant indien se trouva dans sa ligne de mire.

Les secondes passèrent, semblables à des heures.

Roi David commença à entendre tinter ses oreilles. Il se sentait très fatigué. Le tintement se fit de plus en plus fort tandis qu'il braquait vers l'enfant le long canon du Sharps. Les cruelles leçons du massacre qui hantaient son esprit lui faisaient presque sentir l'odeur du sang, entendre presque le son qui retentirait, voir presque comment ce petit corps tressauterait et serait jeté en l'air s'il appuyait sur la gâchette...

– Tue-les ! hurla Reine de Saba.

Un bourdonnement effroyable remplit la tête de Roi David : « Papa... que dois-je faire ? »

– Roi David, tire ! cria Reine de Saba d'une voix perçante.

Son visage terrifié était méconnaissable. « Papa saurait que faire. » Papa savait tout... Papa savait quand il fallait tirer, ou bluffer, quand faire un mouvement, ou attendre...

« Cette fois, il faut que je sois gagnant ! Papa gagnerait, lui, il faut que je sois gagnant. »

Lentement, très lentement, Roi David baissa le canon du fusil. Il le baissa jusqu'à ce qu'il pointe à nouveau vers le sol, inoffensif.

« C'est un pari, se dit-il. Je risque la vie de Reine de Saba. Ou bien j'aurai à dire à Papa que j'ai perdu Reine de Saba et tué un Indien ou bien... »

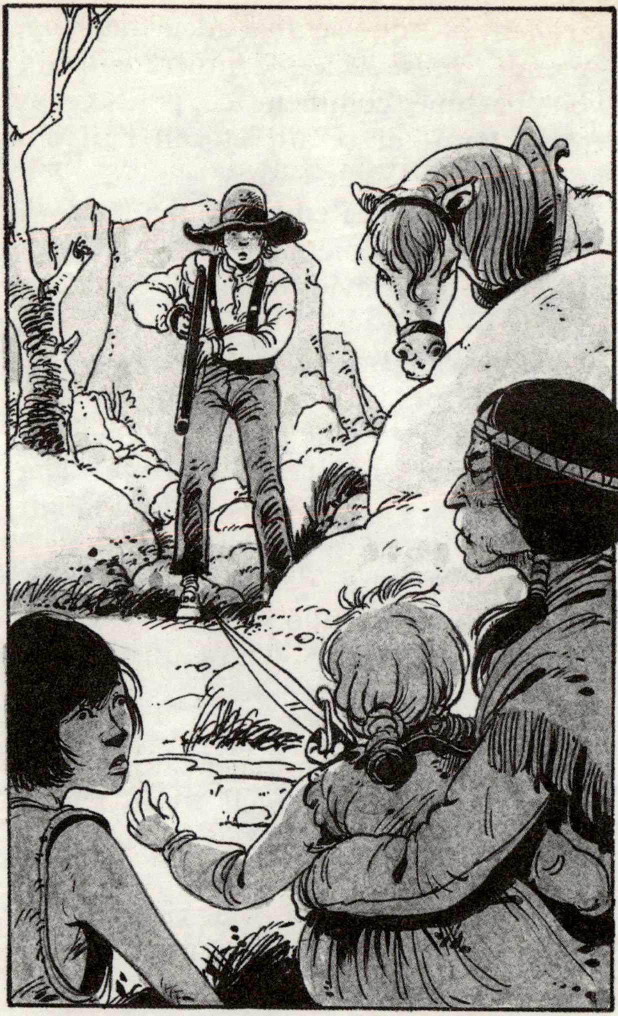

Comme si son bras s'était engourdi, l'Indienne ouvrit lentement ses doigts et relâcha Reine de Saba.

Reine de Saba bondit en avant, et monta précipitamment la pente en criant :
– Tue-les ! Tue-les !

Roi David laissa Reine de Saba passer devant lui en courant. Il tenait son fusil prêt, bien que pointé vers le sol.

Silencieusement, sans quitter Roi David des yeux, l'Indienne tendit les bras pour saisir son enfant. Elle le prit par le bras, le fit tourner et l'emmena à travers les saules. Puis elle le porta pour monter l'autre versant de la ravine.

Roi David empoigna Reine de Saba d'une main, la longe de Maggie de l'autre et se mit à courir.

Chapitre 17

Il ne restait plus un seul grain de farine. Roi David avait retourné le sac et en avait fait tomber les dernières miettes avec précaution dans la petite main de Reine de Saba. Elle les avait léchées avidement sans se plaindre. Assis à côté d'elle, il regardait le cou et les joues creuses, les bras et les jambes amaigris de sa sœur, les cernes bleus qui soulignaient ses yeux. Les marches interminables, les nuits passées sur le sol froid et dur et le manque de nourriture l'avaient épuisée. Elle donnait l'impression d'être friable comme des brindilles séchées.

— Pourquoi ne jettes-tu pas ce vieux morceau de bois ? lui dit Roi David. Ce n'est pas une vraie poupée et c'est lourd à porter pour toi.

Reine de Saba sortit de sa torpeur. Elle souleva le morceau de bois bosselé, l'appuya contre son épaule, et lui tapota doucement le dos.
— Non ! C'est mon bébé, ma petite fille. Elle est à moi et je l'aime. Je vais raconter à Margaret Anne Beecham comment je l'ai protégée des Indiens.

Surpris, Roi David dévisagea sa sœur. Il y avait quelques jours, elle voulait scalper cette poupée, puis l'enterrer comme un cadavre. Déconcerté, Roi David sentait quelque chose germer en lui, telle une graine, et grandir. Il commençait à comprendre. Il murmura, étonné :
— Elle voit tant de choses à travers cette poupée, tant de choses...

Roi David se leva et regarda autour de lui. Ils avaient dû parcourir sept ou huit kilomètres depuis l'endroit où il avait retrouvé Reine de Saba avec les Indiens. Maintenant, après cette courte halte, il était temps de reprendre la route. L'Indienne n'avait sans doute pas donné l'alarme, puisqu'ils n'avaient pas été poursuivis.

Peut-être avait-elle voulu, elle aussi, être gagnante. Si là-bas, près du point d'eau, Roi David avait tiré, Reine de Saba et lui seraient peut-être morts à l'heure qu'il est. « Je dirai à Papa, pensa-t-il avec lassitude, je dirai à Papa que je n'ai pas tiré sur l'enfant indien et que l'Indienne et moi avons tous deux été gagnants, tout comme Reine de Saba veut raconter comment elle a protégé sa poupée... »

Il souleva Reine de Saba à grand-peine et l'installa sur le cheval. Il ne pouvait plus relâcher sa surveillance un seul instant. Il était convaincu qu'ils étaient au terme de leurs efforts et, en dépit de ce qu'il avait pu penser de sa sœur la veille, il savait aujourd'hui qu'ils s'en sortiraient tous les deux ou pas du tout.

Roi David avait décidé de ne pas revenir sur leurs traces jusqu'au point où il avait tourné pour retrouver Reine de Saba : ni le temps qui leur filait entre les doigts, ni leur état d'épuisement ne leur permettaient de faire un seul pas de trop, de perdre une seule minute. Au lieu de cela, ils allaient suivre une diagonale pour essayer de rejoindre l'endroit où il s'était aperçu de la disparition de sa sœur.

Le soleil baissait lentement pour venir leur frapper de biais le visage. Roi David scruta l'horizon. Il portait à la main son Sharps chargé, mais le fusil devenait de plus en plus lourd pour les muscles affaiblis de son bras.

Reine de Saba se balançait sur le dos du cheval, au rythme de son allure, parfois silencieuse, parfois se parlant à elle-même : « Margaret Anne Beecham, l'entendit-il murmurer une fois, Margaret Anne Beecham... »

Au bout d'environ deux heures de route, il arrêta le cheval et descendit Reine de Saba à terre ; après avoir bu les dernières gouttes d'eau qui leur restaient, ils s'assirent, le regard machinalement rivé sur l'horizon. Un vent léger soufflait sur les solitudes désolées et la chaleur faisait miroiter l'air dans le lointain. Des rangées de collines aux flancs bleus et froids s'y dressaient. Roi David se demanda s'ils les atteindraient jamais. Il se demanda également pourquoi il s'acharnait à sauver Reine de Saba et lui-même alors que presque tout s'acharnait contre eux. Pourquoi était-il retourné chercher Reine de Saba ? Son père saurait. Son père savait tout. « Il faudra que je lui demande... pourquoi je suis retourné sur mes pas. »

Reine de Saba s'agita.

— Est-ce qu'on est arrivés, Roi David ?

Ses yeux creux traduisaient son épuisement, mais elle tenait toujours la poupée serrée contre sa poitrine.

— Presque arrivés, promit Roi David. Presque arrivés.

— Il faut que je montre ma poupée à Margaret Anne Beecham, et que je lui dise comment nous l'avons délivrée des Indiens.

— Ouais, on va lui raconter. Viens ! Faut se mettre en route.

Les bras tremblants, Roi David hissa à nouveau Reine de Saba sur le cheval. « Il faut avancer. Il faut avancer. » Lorsque

Maggie reprit son allure traînante, il eut l'impression d'entendre le grincement et le tintement du harnais répéter : « Il faut avancer, il faut avancer... »

En fin d'après-midi, il commença à se rendre compte qu'ils ne pourraient pas continuer beaucoup plus longtemps. Même le fait que son plan ait réussi et d'avoir ainsi retrouvé la piste des chariots ne lui semblait pas très important. La faim le tenaillait et ses jambes, semblables à du coton, tremblaient sous lui. Quelque chose à manger... si seulement ils avaient quelque chose à manger.

C'est alors qu'il vit un lapin, un gros lapin qui montait par petits bonds une pente, sur sa gauche.

Roi David n'en croyait pas ses yeux, mais sans perdre une seconde, il sortit une amorce, la glissa dans la cheminée du Sharps et souleva le fusil. L'arme tremblait dans ses bras. Il visa, tira et le lapin tomba.
— Je l'ai eu ! Je l'ai eu !

Derrière lui, Maggie poussa un hennissement perçant et se cabra. Reine de

Saba, trop faible pour se cramponner au harnais, glissa du cheval et tomba lourdement. Maggie releva la tête et partit dans un galop trébuchant. Le fusil fumant encore levé, Roi David, stupéfié, regarda le cheval gravir la pente qui se trouvait devant eux.

Il se tourna affolé vers Reine de Saba et la tira par le bras. Elle était tout étourdie. Sur son visage, une légère coupure saignait. Mais elle n'avait pas lâché sa poupée.
— Lève-toi, dit-il à bout de souffle. Je vais aller chercher le lapin, mais d'abord aide-moi... à rattraper la jument ! Coupe-lui le chemin sur la droite...

Mais Maggie s'était soudain arrêtée. Vacillante, la longe rejetée en arrière par le vent, le harnais crissant, elle se tenait sur la crête de la colline. La tête levée, la queue battant sa croupe, les oreilles pointées en avant, elle se mit à hennir.

Un frisson parcourut Roi David : Maggie avait aperçu d'autres chevaux.

Il poussa Reine de Saba sur le sol.
— Reste ici, ce sont peut-être des Indiens.

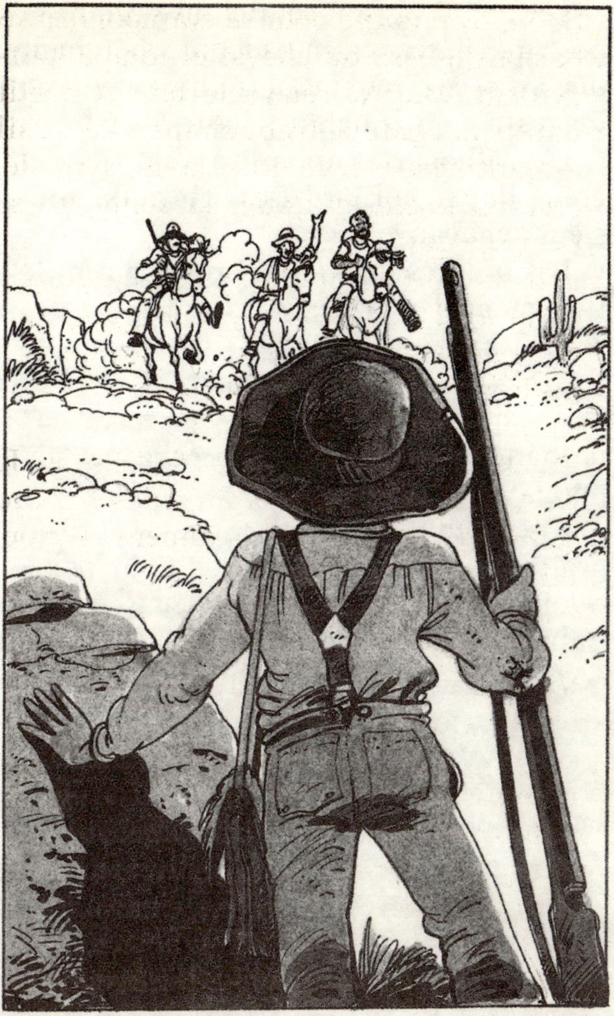

Le fusil levé, son souffle lui brûlant la poitrine, il avança en titubant, cherchant une amorce d'une main tremblante. Il ne lui restait que quelques balles...

Des silhouettes apparurent derrière la crête de la colline. Des chevaux, plusieurs chevaux.

Les oreilles de Roi David perçurent le tintement des brides, le craquement des selles, un cri...

Trois cavaliers se dessinèrent en haut de la colline. En tête, le visage recouvert de bandages et un bras en écharpe, son père avançait.

Et quand il vit son père dressé sur son grand cheval noir, Roi David sut pourquoi il était retourné chercher Reine de Saba.

Table des matières

Chapitre 1..................	7
Chapitre 2..................	18
Chapitre 3..................	31
Chapitre 4..................	46
Chapitre 5..................	57
Chapitre 6..................	69
Chapitre 7..................	83
Chapitre 8..................	94
Chapitre 9..................	101
Chapitre 10	120
Chapitre 11	129
Chapitre 12	136
Chapitre 13	149
Chapitre 14	159
Chapitre 15	169
Chapitre 16	172
Chapitre 17	178

l'Atelier du Père Castor présente

la collection Castor Poche

La collection Castor Poche vous propose :
- des textes écrits avec passion par des auteurs du monde entier,
  par des écrivains qui aiment la vie,
  qui défendent et respectent les différences;
- des textes où la complicité et la connivence entre l'auteur et vous se nouent et se développent au fil des pages;
- des récits qui vous concernent parce qu'ils mettent en scène des enfants et des adultes dans leurs rapports avec le monde qui les entoure;
- des histoires sincères où, comme dans la réalité, les moments dramatiques côtoient les moments de joie;
- une variété de ton et de style où l'humour, la gravité, la fantaisie, l'émotion, la poésie se passent le relais;
- des illustrations soignées, dessinées par des artistes d'aujourd'hui;
- des livres qui touchent les lecteurs à différents âges et aussi les adultes.

Un texte au dos de chaque couverture vous présente les héros, leur âge, les thèmes abordés dans le récit. Vous pourrez ainsi choisir votre livre selon vos interrogations et vos curiosités du moment.

Au début de chaque ouvrage, l'auteur, le traducteur, l'illustrateur sont présentés. Ils vous invitent à communiquer, à correspondre avec eux.

CASTOR POCHE
Atelier du Père Castor
7, rue Corneille
75006 PARIS

225 **Sycomore du petit peuple**
par Andrée Malifaud

Sycomore et sa famille sont les derniers représentants du Petit Peuple. Pas plus hauts qu'une main, ils habitent un terrier de souris, dans la maison d'une vieille dame. Un jour, la maison est vendue. Sycomore, le musicien prodige, rencontre les enfants des nouveaux propriétaires eux aussi musiciens, et c'est le début d'une merveilleuse aventure...

226 **Chien perdu**
par Marilyn Sachs

Je ne me souvenais plus de mon oncle ni de ma tante. Bien qu'ils m'aient accueillie gentiment, je ne me sentais pas chez moi dans leur appartement tout blanc. L'ennui, c'est que je n'avais nulle part où aller. Mes parents étaient morts. Personne d'autre ne voulait de moi. Et quand j'ai retrouvé Gus, le chien de quand-j'étais-petite, les choses se sont encore compliquées...

227 **Mon pays sous les eaux**
par Jean-Côme Noguès

Juillet 1672, Peet quitte la maison familiale pour se placer comme garçon d'auberge. La Hollande est paisible quand tout à coup, c'est la nouvelle : Louis XIV envahit le pays... Un soir, Peet monte un pot de bière à un étrange voyageur. Qui est-il ? Quel est son secret ? Quand le jeune homme l'apprendra, il en frémira...

228 **Lucien et le chimpanzé (senior)**
par Marie-Christine Helgerson

Dans un village près de Mâcon vivent le Grand-père et Lucien, un garçon de neuf ans dont les yeux immenses ignorent les gens et que tous appellent « la bête ». Au château, deux jeunes professeurs s'installent pour tenter une expérience : communiquer par gestes avec un chimpanzé. Et si, au contact du singe, Lucien apprenait à parler avec les gens... ?

229 Anna dans les coulisses
par Besty Byars

Anna ne monte jamais sur la scène. C'est dur de chanter faux dans une famille de choristes ! Anna se sent rejetée, exclue. Un jour, un oncle oublié, tout juste sorti de prison, surgit dans la vie des Glory. Grâce à lui, et à la suite d'un drame, Anna va prendre confiance en elle.

230 Un poney pour l'été
par Jean Slaughter Doty

Ginny est prête à pleurer. Elle qui a toujours rêvé d'avoir un poney, voilà que le seul qu'elle peut louer pour l'été est une drôle de petite jument, à moitié morte de faim. Mais à force de soins et d'affection, le poney prospère et transforme des vacances qui promettaient d'être décevantes, en un merveilleux été.

231 Mélodine et le clochard (senior)
par Thalie de Molènes

Un clochard sort de l'ombre, se penche sur la vitrine éclairée de la librairie et lit passionnément un ouvrage d'astronomie... Il reviendra chaque jour et sa présence insolite servira de révélateur aux habitants de l'immeuble, en particulier à Mélodine et à Florence sa grand-mère qui l'a élevée...

232 Personne ne m'a demandé mon avis
par Isolde Heyne

Inka vit dans un foyer pour enfants en R.D.A. A l'occasion de son dixième anniversaire, elle exprime deux souhaits : avoir des parents adoptifs et être admise à l'École de sport. Un jour, dans la rue, une femme l'aborde à la dérobée, et lui annonce que sa mère, qu'elle croyait morte, vit en R.F.A. Loin de la réjouir, cette révélation inquiète Inka qui craint que sa vie n'en soit bouleversée.

Cet
ouvrage,
le cent-cinquantième
de la collection
CASTOR POCHE,
a été achevé d'imprimer
sur les presses de l'imprimerie
Brodard et Taupin
à La Flèche
en janvier
1989

Dépôt légal : juin 1986.
N° d'Edition : 15928. Imprimé en France
ISBN : 2-08-161867-2
ISSN : 0248-0492